# 我国企业社会责任管理研究

唐立军　孙永波　刘文纲　编著

中国财富出版社

**图书在版编目（CIP）数据**

我国企业社会责任管理研究/唐立军，孙永波，刘文纲编著．—北京：中国财富出版社，2015.9

ISBN 978-7-5047-5742-5

Ⅰ.①我…　Ⅱ.①唐…②孙…③刘…　Ⅲ.①企业责任—社会责任—研究—中国
Ⅳ.①F279.2

中国版本图书馆CIP数据核字（2015）第126333号

**策划编辑**　张　茜　　**责任编辑**　颜学静
**责任印制**　何崇杭　　**责任校对**　杨小静　　**责任发行**　斯　琴

---

**出版发行**　中国财富出版社
**社　　址**　北京市丰台区南四环西路188号5区20楼　　**邮政编码**　100070
**电　　话**　010-52227568（发行部）　　010-52227588转307（总编室）
　　　　　010-68589540（读者服务部）　　010-52227588转305（质检部）
**网　　址**　http://www.cfpress.com.cn
**经　　销**　新华书店
**印　　刷**　北京京都六环印刷厂
**书　　号**　ISBN 978-7-5047-5742-5/F·2404
**开　　本**　787mm×1092mm　1/16　　**版　　次**　2015年9月第1版
**印　　张**　11　　**印　　次**　2015年9月第1次印刷
**字　　数**　215千字　　**定　　价**　38.00元

---

# 前 言

近年来，我国企业社会责任问题受到社会各界的普遍关注，这是因为企业社会责任（CSR）不仅关系到企业市场竞争力的提升和良好社会形象的树立，而且关系到科学发展观的落实和社会主义和谐社会的建立，关系到国家形象。近年来，在社会各界力量的推动下，我国企业经营管理者的企业社会责任意识普遍有所增强，一些企业开始积极履行企业社会责任。但从总体上看，目前我国企业社会责任实践仍处于起步阶段，企业社会责任管理水平和责任绩效普遍较低，制售假冒伪劣产品、传递虚假信息、污染环境、偷税漏税、强迫劳动、严重忽视生产安全等企业社会责任缺失的问题仍十分严重，并影响了我国社会主义和谐社会的建设和可持续发展目标的实现。因此，如何从政策、法律、社会监督、公司治理等方面入手，建立、完善我国企业社会责任管理体系和实现机制，推动企业社会责任运动在我国的发展成为急需解决的问题。正是基于以上的考虑，课题组申报了“我国企业社会责任管理研究”这一研究项目，并得到了北京市教育委员会的资助。

本项目的总体研究目标是：基于对我国经济社会发展现状及我国企业履行社会责任现状的分析，重点讨论我国企业社会责任体系构建、企业社会责任缺失成因、企业社会责任信息披露、公司治理结构改进、企业社会责任管理等问题；在此基础上，探索建立适合中国国情的企业社会责任指标体系、目标管理模式和实现机制，为推进我国企业社会责任实践和提升企业社会责任绩效提供理论依据和方法参考。

本项目从2007年1月开始实施，到2009年12月结束。在项目实施初期，项目组首先进行了国内外文献收集，撰写了《我国企业社会责任管理综述》（参见附录一）和《西方关于企业社会责任的研究综述》（参见附录二）；基于文献综述和以往研究成果，在全面考虑了我国经济社会发展状况的基础上，初步建立了我国企业社会责任分析框架；基于所建企业社会责任分析框架，制订了企业调研方案并设计了调查问卷（参见附录五、附录六）。企业调查分管理人员调查和员工调查两部分进行。其中，通过管理人员调查，主要了解企业管理层（特别是高管人员）对企业社会责任的认识、企业履行社会责任的主要动因、企业社会责任履行情况及存在的主要问题、影响企业社会责任运动开展的主要因素等有关信息；通过员工调查，主要了解企业承担与员工有关的社会责任的情况及存在的主要问题。从2007年7月到2008年9月，项目组对北京、浙江、内蒙古、深圳等地近60家企业进行了深度访谈，并撰写了企业调研报告；在北京地区，对来自167家企业的275位中高层管理者进行了问卷调查，对来自174家企业的386名企业员工进行了问卷调查和多次的小组访谈，并撰写了"北京地区企业社会责任调研报告（员工责任）"（参见附录三)。接受调查的企业（管理者）涉及制造业、批发零售业、金融业、房地产业、餐饮业等十多个行业。在企业调研中，项目组遇到了一定的问题或障碍，如企业管理者接受调查的积极性差，问卷填写不认真、不真实等。

2008年10月以来，基于企业调研成果，项目组围绕任务书中提出的研究内容开展分项研究，并撰写论文。截至2009年11月，项目研究目标基本实现。项目组取得的有一定特色的研究成果主要如下。

(1) 初步建立了一个具有中国特色的企业社会责任体系。企业社会责任是一个多维度、多层次的体系。从横向看，我国企业社会责任体系应包括经济责任、法律责任、文化伦理责任、环境责任和社会公益责任五个维度。从纵向看，企业社会责任应分为基本责任、中级责任和高级责任三个层次。在这三个层次中，企业应首先承担基本社会责任，然后努力承担中级社会责任；当企业已经较好地履行了基本社会责任和中级社会责任后，再去履行高级社会责任。企业没有履行好基本责任和中级责任而热衷于高级责任的做法，不应得到提倡。在该体系中，促进就业、加大研发投入、保护环境、推动行业竞争规则和秩序的建立和完善、推动诚信商业文化的建立等是具有中国特色的企业社会责任要素。

(2) 对我国企业履行社会责任现状进行分析的基础上，阐明了我国企业社会责任缺失的主要表现和成因。我国企业社会责任实践仍处于起步阶段，企业社会责任管理水平和责任绩效普遍较低，这首先与企业经营管理者的社会责任意识淡薄和对企业社会责任的认识不足有关。而经营者社会责任意识淡薄、企业社会责任缺失的问题主要与公司治理结构不完善、诚信经营大环境缺失、政府有关部门执法不严监管不力、消费者维权意识和维权能力薄弱等因素有关。企业内部社会责任管理体系不完整、企业社会责任行为与企业战略缺乏一致性是企业社会责任实践仍处于起步阶段的重要表现。

(3) 探索建立了一个政府监管、企业自律、社会监督相结合的企业社会责任管理体系，并从完善激励约束机制、改进企业治理模式、实施战略性企业社会责任管理、完善企业社会责任信息披露机制等方面，提出完善我国企业社会责任实现机制的对策、建议。企业社会责任的实现机制与一国的现实国情、经济发展水平、社会环境密不可分。我国目前的企业社会责任实现机制应当是一个适应于市场经济体制、能促进社会经济全面协调可持续发展的机制；是为深化企业改革、完善现代企业制度，增进企业社会责任意识和社会责任能力而设置的各个机构、制订的各种制度、采取的各项措施，并使之有效运行的总和。

(4) 提出了实施战略型企业社会责任的基本思路。实施战略型企业社会责任，首先，要求企业应培育责任型文化并将社会责任纳入企业战略的统一框架中。其次，选择与其特定业务相关、有资源支撑的社会问题，并成为解决问题的倡导者和推动者。再次，从价值链优化和竞争环境改善两方面入手制订 CSR 行动计划。为了保证 CSR 计划的科学性和可行性，企业需要建立适合的 CSR 决策机制。最后，必须对 CSR 计划执行过程进行控制。有效的 CSR 控制要求企业对原有组织结构进行必要的调整（如设立首席责任官、社会责任管理职能部门），并明确各级管理者的 CSR 管理职责，制订相应的绩效考评标准。为了加强 CSR 控制，应定期组织对企业社会责任投资的效果进行评估和分析。

(5) 提出了完善我国企业社会责任信息披露机制的对策、建议。企业社会责任信息披露机制的建立需要解决好披露内容界定、披露形式选择、披露信息审计等问题。对于上市公司来说，应通过证监会，尽快出台《上市公司社会责任信息披露管理规定》，对上市公司企业社会责任信息披露的范围、具体内容和披露形式等进行规范和引导。在信息披露形式的选择上，应强化独立的描述性企业社会责任报告形式。企业社会责任报告不仅要反映企业履行社会责任的情况和存在问题，而且要表明企业的 CSR 管理方针、政策及组织架构（以保证 CSR 建设的持续性），表明企业 CSR 的长、中、短期目标（以形成履行 CSR 的良性循环）。

(6) 提出了构建首都企业社会责任管理模式的基本思路。北京作为全国政治、文化和国际交流中心，其企业社会责任管理水平和绩效表现对全国企业具有示范、导向作用，完善企业社会责任实现机制和监管体系对促进首都的经济社会发展、建设首善之区以及发挥示范作用都具有重要的意义。完善首都企业社会责任管理体系，必须要处理好政府、企业和社会三者的关系，明确各自的角色定位，实现“三位一体”，共同推动企业社会责任的开展。目前，在企业社会责任意识普遍不强、政策法规体系不够完善、非政府组织不够成熟的情况下，北京应建立政府主导型的企业社会责任管理体系。作为企业社会责任的监管者，地方政府应通过加强法规建设、政策引导、行政干预和提供服务，推动企业履行社会责任，进而增强地区竞争力。

本书包括六章，详细介绍了我国企业社会责任体系的构建，并对我国企业履行社会责任的现状和缺失表现进行了分析，研究了企业社会责任的管理体系和实现机制，研究了企业社会责任的信息披露和管理模式。依据利益相关者理论、公司治理理论、企业竞争战略理论等，构建了一个综合性的企业社会责任分析框架。本项目将基于这一框架，坚持理论分析和实证分析结合，对我国企业社会责任的演进及影响因素进行分析，揭示我国企业在履行社会责任方面存在的问题及其成因，并提出完善我国企业社会责任管理体系和实现机制的对策、建议。

虽然立项目标基本实现，但从项目实施过程和结果来看，仍存在一定不足。在立项时，本课题确定以我国企业为研究对象，但在实际执行中，受调研经费预算限制，课题组只是重点研究了北京、浙江（宁波）、内蒙古、深圳等地企业经营者对企业社会责任的认识以及企业履行社会责任现状，这可能并未反映我国企业全貌。此外，在企业社会责任绩效评价、地区企业社会责任管理模式构建等方面的研究仍有不完善或不深入的地方。本课题组将针对以上问题开展进一步的研究，并希望为我国企业社会责任的推进做更多的工作。

编　者

2015 年 6 月

# 目 录

# 第一章 导论

近年来，随着经济全球化的日益深入和我国经济社会的持续快速发展，兴起于西方国家的企业社会责任运动已经对我国产生了深刻的影响，并受到社会各界的广泛关注。但目前，我国社会各界在如何认识和对待企业社会责任问题上尚未达成统一认识，我国企业社会责任绩效也普遍较低。因此，如何建立、完善企业社会责任管理体系和实现机制，推动企业社会责任运动在我国的发展就成为急需解决的问题。北京市作为全国首善之区，理应在企业社会责任实践、监管和理论研究等方面走在全国前列，以适应和推动首都经济社会的持续、快速、协调发展。本章主要阐明项目的研究目的、研究内容和拟解决的关键问题、研究思路和研究方法，以及通过研究所形成的主要观点。

## 一、问题的提出

跨入21世纪以来，我国的改革和发展进入了一个新的历史阶段，树立和落实科学发展观，构建社会主义和谐社会，实现经济社会的全面、协调、可持续发展，已经成为社会各界的广泛共识。相应地，人们对于企业的性质和作用，对于企业家的使命与角色有了新的认识，时代对中国企业和企业家提出了更高的要求。作为当今社会推动经济发展的最直接力量，企业在建设社会主义和谐社会中处于特殊的地位，企业承担社会责任具有十分重要的意义。履行社会责任成为全社会对企业的要求和期望。2007年12月29日，国务院国有资产监督管理委员会出台《关于中央企业履行社会责任的指导意见》，要求中央企业要切实增强社会责任意识，积极履行社会责任，成为依法经营、诚实守信的表率；节约资源、保护环境的表率；以人为本、构建和谐企业的表率；努力成为国民经济建设的栋梁和全社会企业的榜样。

与此同时，在我国正式加入WTO、我国经济与世界经济逐步融合为一体的背景下，全球范围的企业社会责任运动也对我国经济发展和我国企业产生了深远的影响，我国快速成为全球社会责任运动关注的焦点。2003 年 10 月，联合国全球契约办公室负责人在清华大学演讲时，明确提出："全球契约（Global Compact）期盼中国企业的加入。"近年来，有越来越多的跨国公司围绕劳工、人权、环保等方面对我国企业提出社会责任的特殊要求，如果企业达不到要求，将不能获得海外订单或难以成为跨国公司的合作伙伴。国际社会和联合国全球契约组织之所以关注我国企业的参与，一方面与我国已成为全球劳动密集型产品的主要生产基地有关，另一方面也与我国劳动者权益保护方面仍存在诸多问题有关。全球企业社会责任运动的矛头指向中国，必然会影响到我国企业的对外贸易和跨国经营。换句话说，积极履行企业社会责任是我国企业进入国际市场、参与国际市场竞争的"通行证"，也是提升我国企业国际竞争力的重要手段。

近年来，在社会各界力量的推动下，我国企业经营管理者的企业社会责任意识有所增强，一些企业开始积极履行企业社会责任。但从总体上看，目前我国企业社会责任实践仍处于起步阶段，企业社会责任管理水平和 CSR 绩效普遍较低，多数企业开展的社会责任行为属于被动的、反应性的，制售假冒伪劣产品、传递虚假信息、污染环境、偷税漏税、强迫劳动、严重忽视生产安全等企业社会责任缺失的问题仍十分严重。例如，爆发于 2008 年 9 月的"三聚氰胺事件"充分暴露出了我国企业社会责任集体缺失的严重问题，不仅那些"著名"企业头顶上的光环瞬间消散，我国整个奶制品行业也被推入困境。再如，2014 年 8 月昆山市开发区中荣金属制品有限公司汽车轮毂抛光车间发生爆炸，造成多人死亡和受伤。企业社会责任缺失，严重影响了我国社会主义和谐社会的建设和可持续发展目标的实现。因此，如何从法律、政策、社会监督等方面入手，建立、完善我国企业社会责任推进机制和管理体系，推动企业社会责任运动在我国的发展成为急需解决的问题。

## 二、研究目的、研究内容和拟解决的关键问题

### （一）研究目的

本项目基于对我国经济社会发展现状及企业社会责任管理现状的分析，重点讨论我国企业社会责任体系构建、企业社会责任缺失成因、企业社会责任信息披露、公司治理模式改进、政府扶持政策体系完善、企业社会责任管理体系构建等问题；在此基础上，本项目试图建立适合中国国情的企业社会责任指标体系、目标管理模

式和实现机制，为推进我国企业社会责任实践和提升企业社会责任绩效提供理论和方法的参考。

## (二) 研究内容

1. 我国企业社会责任体系的构建

企业社会责任实践在我国起步较晚，目前尚未建立完整的概念及构成体系，整个社会对企业社会责任的认识还较为笼统，这种现状也在一定程度上影响了企业社会责任运动在我国的开展和推进。换句话说，要让全社会尤其是作为企业社会责任实施主体的企业深刻认识社会责任的丰富内涵，加快培育社会责任意识，加强对企业社会责任实践的正确引导，必须形成完整的企业社会责任概念及构成体系。目前我们了解的企业社会责任概念及研究范式都是基于西方的研究成果，并不完全适合中国国情，因此，构建符合中国国情的企业社会责任概念及要素构成体系成为当务之急。本部分的研究目的就是要构建具有中国特色的企业社会责任体系，阐明不同责任要素之间的关系，并建立具有可操作性的企业社会责任评价指标体系。

2. 我国企业履行社会责任现状分析

我国企业对社会责任的认识理解及履行责任情况与企业性质、企业规模、企业所处行业等因素有密切关系，许多有关企业社会责任的误区的产生也与这些因素有关。因此，阐明企业社会责任绩效与这些因素的关系，揭示企业社会责任缺失成因，对于建立我国企业社会责任实现机制和完善政府扶持政策体系有重要的指导意义。本部分的研究目的就是要通过实地调查和实证分析，阐明企业社会责任与企业性质、企业规模、企业所处生命周期阶段等因素的关系，反映我国企业履行社会责任的整体情况，进而为提出完善我国企业社会责任管理模式和实现机制的对策建议提供依据。

3. 我国企业社会责任缺失表现及成因分析

企业在创造利润、对股东利益负责的同时，还要对员工、消费者、政府、商业伙伴、社区和环境等利益相关者承担责任，尽可能满足各种利益相关者的愿望和要求。但由于各种原因，我国企业普遍存在社会责任缺失的问题，如较少考虑环境保护，将利润建立在破坏和污染环境的基础上；提供不合格的产品或虚假信息，与消费者争利或欺骗消费者；滥用垄断地位，破坏市场公平竞争等。企业社会责任缺失不仅损害了员工、客户、政府和环境等利益相关者的利益，而且严重影响了企业市场竞争力和可持续发展能力。所以，本部分的研究目的就是要对我国企业社会责任缺失的表现及其成因进行全面分析，进而为提出改进措施和建议提供依据。

4. 企业社会责任的管理体系和实现机制研究

企业要想获得发展，必须根据科学发展观和构建和谐社会的要求，把社会责任纳入企业文化和战略管理范畴，明确社会责任范围，规范自身行为。但企业社会责任实践的推进不能只靠企业自己的努力，还需要通过政府的引导、法律的制约、市场的约束和社会的监督，需要对公司治理模式进行变革。本部分的研究目的是通过阐明企业社会责任与政府、市场、社会的关系，探索建立适合中国国情的企业社会责任实现机制和管理模式。

5. 我国企业社会责任信息披露研究

企业对其承担社会责任情况的相关信息予以整理、分析、计量、核算与披露，不仅有利于给企业利益相关者提供全面的相关信息，帮助他们做出科学的决策，同时还有助于社会责任信息的使用者客观、准确地评价企业社会责任的履行情况和存在的问题，并促使企业科学、合理地制定 CSR 战略和行动计划，有效开展企业社会责任活动。企业社会责任信息披露不全面、不及时、不真实，是制约企业社会责任得到全面履行和有效监管的重要因素。为此，必须加快建立完善的企业社会责任信息披露体系。本部分的研究将在对我国企业社会责任信息披露现状进行实证分析的基础上，探索建立适合中国国情的企业社会责任信息披露机制。

6. 首都企业社会责任管理模式研究

北京作为全国政治、文化和国际交流中心，其企业社会责任管理和绩效表现对全国企业具有示范、导向作用，也具有通向国际的窗口作用，完善企业社会责任实现机制和监管体系，对促进首都的经济社会发展、建设首善之区以及发挥示范作用都具有重要的意义。这部分的研究目的是从首善之区建设的高度和要求出发，通过比较北京和其他省市企业社会责任实施状况，提出建立、完善首都企业社会责任管理及实现机制的对策、建议。

## （三）拟解决的关键问题

（1）建立一个企业社会责任分析框架，结合我国国情，对我国企业社会责任缺失的表现及其成因进行全面分析。

（2）如何建立具有中国特色的企业社会责任指标体系？不同责任要素之间的关系是什么样的？

（3）如何建立我国企业社会责任引导、支持政策体系？

（4）如何建立和完善我国企业社会责任信息披露机制？

（5）如何建立和完善我国企业社会责任管理体系？

（6）如何实现从反应型 CSR 向战略型 CSR 的转变？

## 三、研究思路和研究方法

### （一）研究思路

项目组依据利益相关者理论、公司治理理论、企业竞争战略理论等，构建了一个综合性的企业社会责任分析框架。如图 1－1 所示，该框架包括了利益相关者、公司治理、市场、企业文化和战略、经济社会发展现状、政府六个维度。这六个维度之间存在相互影响的关系，例如，经济社会发展现状在一定程度上决定着利益相关者的要求或期望，而公司治理与公司文化之间存在相互制约和相互促进的关系。

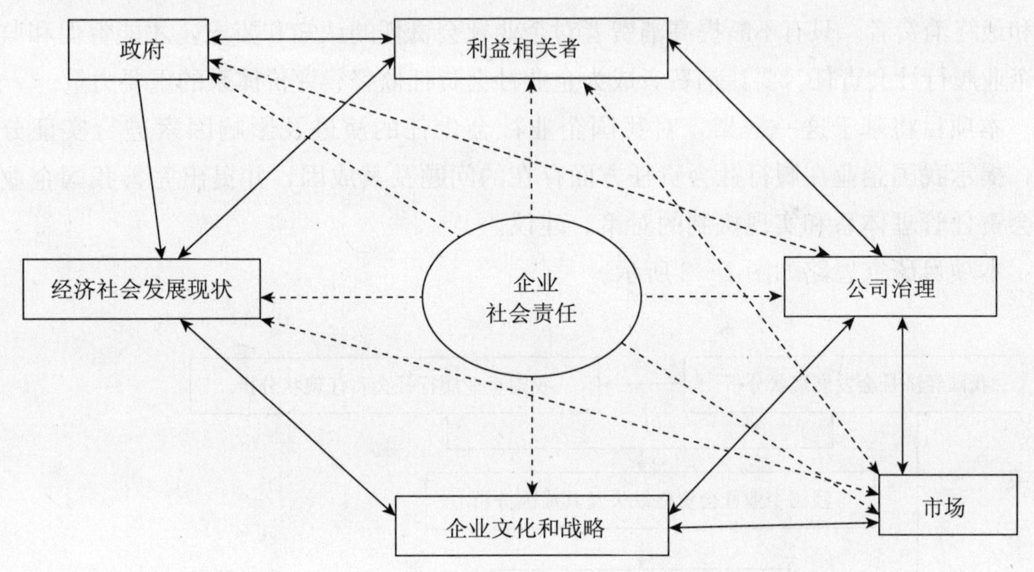


**图 1－1　企业社会责任的分析框架**

（1）股东、消费者、员工、商业伙伴、政府、社区、环境等利益相关者的需要或要求是构建企业社会责任体系的基本依据，加强企业社会责任管理的根本目标就是要追求利益相关者利益最大化，实现经济效益、社会效益和环境效益的统一。

（2）构建具有中国特色的企业社会责任体系和实现机制，不仅要考虑各利益相关方的需要，而且必须考虑我国经济社会发展现状，以及实现经济可持续发展和构建和谐社会的需要。特殊的经济社会发展现状决定了我国需要建立不同于西方国家的企业社会责任管理体系，构建有中国特色的企业社会责任体系。

（3）公司治理与企业社会责任之间存在相互依存、相互促进的关系，公司治理结构反映了企业与不同利益相关群体间的契约关系，其核心问题就是要保证公司的价值创造和分配能够符合不同利益相关者的要求。

（4）企业文化和战略反映了企业经营者如何看待社会责任，是企业能否承担起社会责任的根本保证；要加强企业社会责任管理，必须将社会责任纳入企业文化、战略和日常运营体系中。

（5）政府是企业社会责任的监管主体。在政府、企业与社会三者之间建立合理的关系是构建中国企业社会责任实现机制的关键。作为企业社会责任的监管者，政府的作用主要体现在倡导、推广、管制和服务等方面。政府的认可、政府颁布的政策法规既可以形成企业履行社会责任的压力，又可以引导企业的社会责任管理决策和行为。

（6）市场约束是推动企业履行社会责任的重要机制。市场约束包括供给约束和需求约束。供给约束主要来自于投资者和人才市场。需求约束主要来自于企业的商业伙伴和最终消费者。只有不断提高消费者对企业社会责任的认知和要求，才能督促和监督企业履行社会责任。要让消费者成为企业社会责任监督、评价体系的重要力量。

本项目将基于这一框架，对我国企业社会责任的演进及影响因素进行实证分析，揭示我国企业在履行社会责任方面存在的问题及其成因，并提出完善我国企业社会责任管理体系和实现机制的对策、建议。

本项目研究思路如图 1－2 所示。

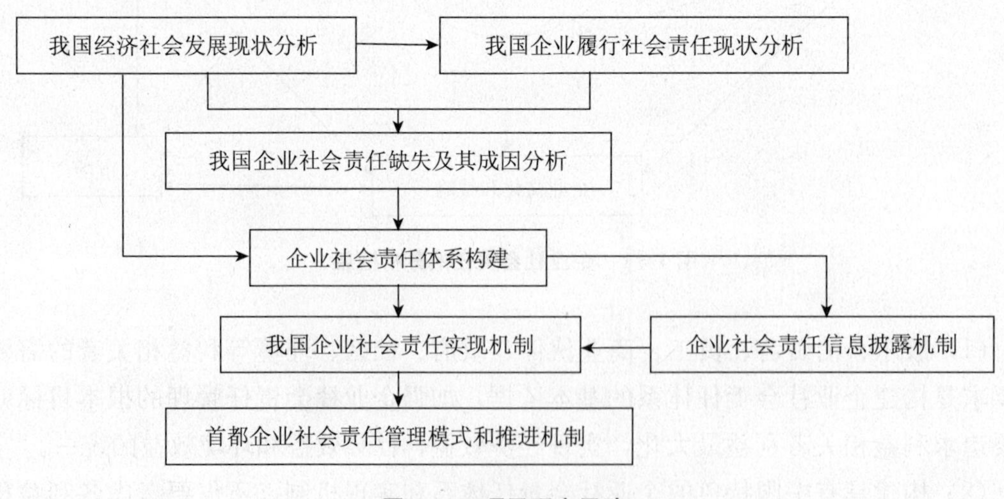


**图 1－2　项目研究思路**

### （二）研究方法

坚持理论分析和实证分析结合。其中，理论分析主要阐明公司治理、企业战略、企业文化、经济社会发展现状等因素与企业社会责任的关系，并建立一个综合性的分析框架。

实证研究将主要针对企业规模、企业经济效益状况、企业性质等因素与企业社会责任的关系进行实证检验，阐明目前制约企业社会责任绩效的主要因素，并在此基础上建立一个符合中国国情的企业社会责任体系和评价标准体系。实证研究依据数据将主要来源于企业问卷调查。

## 四、主要观点

（1）构建具有中国特色的企业社会责任体系，不仅要考虑各利益相关方的需要，而且必须考虑我国经济社会发展现状，以及实现经济可持续发展和构建和谐社会的需要。此外，该体系应体现企业社会责任不同要素之间的关系，或者说要反映企业与社会之间互相依存的关系。

项目组认为，企业社会责任可分为基本责任、中级责任和高级责任三个层次。在这三个层次中，企业应首先承担基本企业社会责任，然后努力承担中级企业社会责任；当企业已经较好地履行了基本企业社会责任和中级企业社会责任后，再去履行高级企业社会责任。企业没有履行好基本责任和中级责任而热衷于高级责任的做法，不应得到提倡。企业应根据自身业务特征和资源条件，在正确识别企业战略发展与社会发展的利益交叉点的基础上，选择特定的企业社会责任项目并积极、有效履行。促进就业、推动自主创新和保护知识产权、推动行业竞争规则和秩序的建立、推动诚信商业文化的重塑、完善公司治理机制等是具有中国特色的企业社会责任要素。

（2）我国企业社会责任实践仍处于起步阶段，企业社会责任绩效普遍较低，这首先与企业经营管理者的社会责任意识淡薄和对企业社会责任的认识不足有关。而企业经营者社会责任意识淡薄与公司治理结构不完善、诚信经营环境缺失、政府有关部门执法不严监管不力、消费者维权意识和维权能力薄弱等因素有关。企业社会责任管理体系不完整、企业社会责任行为与企业战略缺乏一致性是我国企业社会责任实践仍处于起步阶段的重要表现。

(3) 完善企业内部社会责任管理体系是提升我国企业社会责任绩效的重要措施。从企业自身而言，要完善该体系，首先，要实现从反应型CSR向战略型CSR的转变，只有将社会责任整合进企业统一的战略框架和日常运营中，才能保证企业CSR行为不仅有利于社会，而且能够给企业带来价值提升的机会。其次，要探索建立企业社会责任导向的公司治理模式，这种模式为各个利益相关者有效参与公司治理提供有效途径（如增设职工董事）。再次，要完善企业社会责任信息披露机制，特别是科学编制和利用企业社会责任报告。

(4) 企业社会责任信息披露机制的建立需要解决好披露内容界定、披露形式选择、披露信息审计等问题。对于上市公司来说，应通过证监会，尽快出台《上市公司社会责任信息披露管理规定》，对上市公司企业社会责任信息披露的范围、具体内容和披露形式等进行规范和引导。在信息披露形式的选择上，应强化独立的描述性企业社会责任报告形式，并积极探索和建立会计基础披露模式。企业社会责任报告不仅要反映企业履行社会责任的情况和存在问题，而且要表明企业的CSR管理方针、政策及组织架构（以保证CSR建设的持续性），表明企业CSR长、中、短期目标（以形成履行CSR的良性循环）。每股社会贡献值是上市公司治理目标由“股东权益最大化”上升为“利益相关者利益最大化”之后业绩评价指标的新发展，上证所提供的该指标测算方法存在不足，并可以做如下的改进：

每股社会贡献值＝（净利润＋税收＋职工工资＋利息＋对外捐助＋员工福利及社会保障支出＋员工培训支出＋环境保护支出＋改善劳动条件的投入＋改进技术的投入＋售后服务支出－其他社会成本）/公司总股本

其中，其他社会成本＝该分而未分的红利＋过度资源消耗成本＋环境污染治理成本＋社会管理成本＋恶性安全事故补偿成本＋罚项支出等。

(5) 建立我国企业社会责任实现机制，必须要保证两个平衡和达到两个符合。两个平衡是指经济增长与社会发展的平衡、企业社会责任与企业盈利目标的平衡；两个符合是指符合我国国情和企业实际、符合社会主义市场经济的要求。企业社会责任实现机制包括了企业社会责任的激励机制、企业社会责任的外部约束机制、企业社会责任的需求机制、企业社会责任的信息披露机制、企业社会责任管理认证机制，以及公司内部治理机制。

(6) 目前，推进我国企业社会责任实践的关键是建立健全企业社会责任的激励约束机制。完善我国企业社会责任的激励约束机制，应以企业社会责任能力、社会责任意识和社会责任环境为现实出发点，以激励约束理论为指导，加强企业社会责

任的物质激励（如政府采购、财政补贴、税收优惠等）和精神激励，加强企业社会责任的市场约束、行政约束、法律约束以及企业自我约束。当前，在企业社会责任激励约束机制的构建与实施中，须明确政府是企业社会责任激励约束机制的管理主体，以利益相关者为主的社会力量是推动主体，企业是自律者。

（7）根据企业社会责任实现参与主体的角色定位和社会责任管理体系内容的不同，可以将企业社会责任管理模式划分成三种类型：政府主导型的企业社会责任管理模式、核心企业主导型的企业社会责任管理模式和非政府组织主导型的企业社会责任管理模式。基于首都地区经济社会发展现状、企业履行社会责任现状等方面的考虑，北京应建立政府主导型的企业社会责任管理模式，即政府通过采用政策、法律、行政等手段，在引导、约束、监管企业履行社会责任上发挥主要作用，并推动激励约束、CSR 需求、CSR 信息披露、评价和认证等企业社会责任实现机制的建立。当前政府迫切需要解决的问题为：①宣传普及企业社会责任知识；②建立跨部门的领导协调机构；③加快制定行业性企业社会责任评价标准体系；④加强对违法违规企业的惩治；⑤完善政策、政府采购、税收优惠等扶持措施。

# 第二章　我国企业履行社会责任现状分析

## ——以北京地区企业为例

履行企业社会责任是全社会对企业的要求和期望，推动企业社会责任运动有助于实现经济效益、社会效益和环境效益的统一及社会和谐和可持续发展。通过对北京、浙江、内蒙古等地区企业的实地调查，我们发现，目前我国一部分企业已经对CSR形成一定的认识，并能够积极履行企业社会责任；但同时仍有大部分企业经营者不能全面、正确认识企业社会责任，加上受企业履行社会责任能力薄弱、利益相关者维权意识淡薄、政府部门执法不严和监管不力、社会诚信环境不完善、第三方评价机制缺乏等因素的制约，我国企业社会责任绩效处于较低水平。调查还发现，我国企业履行社会责任状况与企业经营规模、企业效益、企业性质等有一定关系；大部分企业履行社会责任的方式和方法有待完善，特别是需要从反应型CSR转变为战略型CSR。因此，从目前的整体状况看，我国企业社会责任管理仍处于起步阶段。从企业自身角度看，加强对企业社会责任的认识、建立完善的企业社会责任体系、改善公司治理结构、加强企业文化建设等是提升我国企业社会责任绩效的重要措施。

企业社会责任（Corporate Social Respousibility，CSR）是指企业作为市场主体和社会公民，作为各种资源的索取者与使用者，对其利益相关者应承担的经济、法律、环境、道德、社会公益等义务。企业不是孤立的经济组织，它处于各类社会关系网络中，是各利益相关者之间基于多种契约交易而形成的一种法律实体；因此，企业不仅要对股东负责，同时要对员工、消费者、政府、商业伙伴、环境、社区等非股东利益相关者负责。履行企业社会责任是全社会对企业的要求和期望，推动企业社会责任运动有助于实现经济效益、社会效益和环境效益的统一，以及社会和谐和可持续发展。履行企业社会责任是每一个企业的立足之本。

本部分将从以下方面阐明我国企业履行社会责任的现状：企业经营管理者对CSR的认识（包括企业履行CSR的动因），企业社会责任绩效整体状况，企业社会责任缺失的主要表现及成因。本部分还将从微观层面探讨完善我国企业CSR管理

体系进而提升企业社会责任绩效的对策。

## 一、经营管理者对企业社会责任的认识

企业社会责任行为及其绩效与经营管理者对企业社会责任的认识是否全面、科学、深入有密切关系。近年来，我国企业经营管理者社会责任意识不断提升，对企业社会责任的认识日益全面、深入。据中国企业家调查系统 2006 年对 4586 位企业经营者进行的问卷调查结果显示：①

（1）95.8%的企业经营者认同“优秀企业家一定具有强烈的社会责任感”，企业在创造利润的同时，也应为社会创造财富，促进经济、社会的可持续发展；企业经营者普遍认识到履行社会责任对企业的持续发展同样非常重要，积极履行企业社会责任有助于提升企业声誉，树立良好的品牌形象，增强企业凝聚力，激发创新活力，转变企业发展方式。

（2）企业经营者普遍认同经济责任、法律责任、文化伦理责任和社会公益责任的重要性，但对不同类型社会责任重要性的评价存在一定差异。其中，大多数经营者对提高经济效益、提升企业竞争力等经济责任的认同程度较高，对社会公益责任的认同程度相对较低。

（3）企业经营者对股东和员工等内部利益相关者的责任意识高于对客户、竞争者和社区等外部利益相关者的责任意识。

（4）69.7%的企业经营者同意“履行企业社会责任会增加企业的成本”，这表明不少企业经营者在认同社会责任的同时，也比较关注企业履行社会责任的成本，可能会权衡企业自身发展和社会贡献之间的关系。②

另据项目组 2008 年对来自北京 167 家企业的 275 位中高层管理者的问卷调查结果显示，北京地区企业、特别是大中型企业的经营者普遍具有较强的社会责任意识，经营管理者普遍认识到履行社会责任对企业乃至整个社会可持续发展的重要性。③ 调查结果还显示：①“树立品牌形象”和“为社会做贡献”是企业履行社会

---

① 中国企业家调查系统. 企业家对企业社会责任的认识与评价——2007 年中国企业经营者成长与发展专题调查报告 [J]. 管理世界，2007 (6)：75-85.

② 经营者对履行社会责任的成本的高度关注，与许多企业严重依赖简单的成本领先的竞争模式有很大关系。

③ 2008 年 5 月 12 日四川汶川大地震，连同年初的南方冰雪灾害，激发了中国企业的社会责任意识，考验了企业经营者的社会责任观，引发了广泛的企业社会责任大讨论。这对于推进中国企业社会责任实践产生了不可忽视的作用。

责任的最主要动因，而“应对社会舆论压力”“为了进入国际市场”“应对竞争对手的压力”等对企业履行社会责任的驱动作用相对较弱（见表2-1）。②有近50%的经营管理者对企业社会责任与企业竞争力的关系认识不清。虽然经营管理者普遍认识到履行社会责任有助于提升公司声誉、树立良好品牌形象，但仍有许多经营管理者没有认识到履行企业社会责任对人力资源管理、技术创新、市场开发、财务表现等方面所产生的积极作用。

表2-1　企业履行社会责任主要动因（不同行业）

| 履行CSR动因 | 总体 | 企业所属行业 | | | | | | | | | |
|---|---|---|---|---|---|---|---|---|---|---|---|
| | | 制造业 | 建筑房地产 | IT、软件开发业 | 批发零售 | 医疗教育 | 国际贸易 | 金融 | 旅游 | 运输物流 | 其他 |
| 为社会做贡献 | 5.93 | 5.91 | 6.29 | 6 | 6.06 | 4.67 | 6 | 5.8 | 6.57 | 3 | 5.76 |
| 获得政府认同 | 5.91 | 5.72 | 6.57 | 5.87 | 6.18 | 5.33 | 6.5 | 5.8 | 6.29 | 4 | 6 |
| 建立持续竞争优势 | 5.82 | 5.74 | 5.57 | 6 | 5.79 | 6 | 6.5 | 6 | 6.29 | 4 | 5.81 |
| 建立企业家个人形象 | 5.54 | 5.62 | 5.71 | 5.93 | 5.74 | 5 | 5.5 | 5.4 | 6 | 1 | 4.81 |
| 应对社会舆论压力 | 5.16 | 5.31 | 5 | 5.27 | 5.32 | 5.33 | 4.5 | 5 | 5.14 | 5 | 4.48 |
| 为消费者创造价值 | 5.79 | 5.65 | 5.86 | 6.2 | 6.03 | 5.33 | 5.5 | 5.6 | 6.71 | 6 | 5.43 |
| 提升品牌形象 | 6.15 | 6.18 | 6.29 | 5.73 | 6.24 | 6 | 5.75 | 5.6 | 6.86 | 7 | 6.14 |
| 更多地创造利润 | 5.72 | 5.67 | 5 | 5.2 | 6 | 6 | 6.75 | 5.6 | 6.43 | 5 | 5.65 |
| 应对竞争对手的压力 | 5.37 | 5.36 | 5.14 | 5.07 | 5.59 | 6 | 6.25 | 5.4 | 5.43 | 3 | 5.15 |
| 为了进入国际市场 | 4.85 | 5.36 | 5.14 | 4.33 | 4.27 | 4.67 | 5.5 | 4.8 | 4.57 | 1 | 4.3 |
| 其他 | 5.08 | 5.33 | 4 | 6 | 4.5 | 0 | 6 | 4 | 4.5 | 4 | 0 |

注：表中数据为以7分值计算所得的平均值，分值越高代表对该说法的认同程度越高，反之亦然。

但从目前情况看，仍有许多企业经营管理者对企业社会责任的认识模糊不清，甚至存在错误认识，这种现状必然会影响我国企业社会责任实践的开展，并抑制企业社会责任绩效的提升。目前普遍存在的CSR认识误区如下。

（1）企业社会责任就是公益责任，因此，捐款金额越大，企业社会责任感越强（而实际上社会公益责任只是企业的自我裁量责任）；①

（2）企业社会责任一定会造成企业经营成本的提升（而实际上，积极履行企业

① 一些机构发布的企业社会责任排行榜把可以计量的捐款数额作为重要的评价指标，这种做法在一定程度上误导了企业认识和社会责任行为。

社会责任有助于降低融资、生产、人力资源管理、广告等方面的成本)；

(3) 企业经济实力强或经济效益好才承担社会责任，企业效益差或经营规模小就可以不用承担社会责任；

(4) 企业社会责任是对政府应承担社会责任的替代，因此，企业承担责任多了，政府承担的责任就少了；而履行较多的社会责任会使企业背上不必要的包袱，掉入计划经济时代“企业办社会”的泥潭中；

(5) 企业唯一的社会责任就是在符合法律和社会规范的前提下，尽量实现企业利益最大化；企业只需考虑股东利益，而不需要考虑其他利益相关者的要求等。①

## 二、我国企业履行社会责任绩效现状

近年来，随着经营管理者社会责任意识的提升，我国企业履行社会责任的状况逐步有所改善。抽样调查发现，企业履行社会责任的状况与企业经营规模、企业效益、企业性质有一定关系。我国企业履行法律责任的情况好于其他性质的社会责任；企业履行员工责任的情况好于与其他利益相关者有关的责任。但从整体看，我国企业社会责任绩效还处于较低的水平，企业社会责任缺失的问题还较为严重。据中国企业家调查系统对 4586 位企业经营者进行的问卷调查结果显示：② 我国大多数企业社会责任绩效仅为一般，以 5 分值计算的平均值仅为 2.70。下面以北京地区企业社会责任实践为例进行分析和说明。

### (一) 总体状况

1. 企业经营规模与企业社会责任绩效

项目组对北京地区 167 家企业的 275 位中高层管理者的问卷调查结果显示：企业规模越大，履行的社会责任越多、也越好。企业社会责任的履行状况与企业的经营规模成正相关。大企业由于对生态、环境、社会的影响更大、更广泛，民众、舆论等社会力量对其社会责任意识及责任履行情况更为关注，因此，其社会责任绩效

---

① 关于企业社会责任的概念，学术界历来有不同的声音。例如，诺贝尔经济学奖得主弗里德曼就声称：企业唯一的社会责任就是在符合法律和社会规范的前提下，尽量实现股东利润最大化。

② 中国企业家调查系统. 企业家对企业社会责任的认识与评价——2007 年中国企业经营者成长与发展专题调查报告 [J]. 管理世界，2007 (6)：75-85.

理应更好一些。[①] 2008 年国资委一号文件《中央企业履行社会责任指导意见》的发布，有力推动了中央企业社会责任管理工作和社会责任信息披露进程。

如表 2－2 所示，特大型、大型企业在履行“保持良好经营效益”“积极开展员工培训”“建立完善的公司法人治理结构”“提供助学金或奖学金”等责任方面好于中小型企业；但在“提供优质产品和服务”“积极采纳员工的合理化建议”“减少资源消耗”等方面的表现并不一定好于中小型企业。

**表 2－2　企业经营规模与企业社会责任**

| 经营规模（与同行业相比） | 特大型 | 大型 | 中型 | 小型 | 总体 |
|---|---|---|---|---|---|
| 保持良好经营效益 | 6.11 | 6.08 | 6.03 | 4.5 | 6.06 |
| 提供优质产品和服务 | 6.03 | 6.06 | 6.13 | 4.5 | 6.05 |
| 促进行业规则建立和完善 | 5.82 | 5.9 | 5.71 | 3 | 5.81 |
| 加大研发投入 | 5.79 | 5.53 | 5.68 | 4 | 5.6 |
| 依法纳税 | 6.39 | 6.43 | 6.53 | 5 | 6.43 |
| 建立完善的公司法人治理结构 | 6.18 | 5.98 | 5.97 | 3 | 5.99 |
| 依法签订劳动合同 | 6.42 | 6.35 | 6.45 | 6 | 6.38 |
| 积极开展员工培训 | 6.37 | 6.01 | 6.05 | 5 | 6.09 |
| 保障员工安全与健康 | 6.26 | 6.12 | 6.18 | 4.5 | 6.15 |
| 按时足额发放工资和加班费 | 6.37 | 6.12 | 6.26 | 5 | 6.19 |
| 建立完善的聘用制度并有效执行 | 6 | 5.92 | 6.16 | 4.5 | 5.97 |
| 依法办理社会保险 | 6.5 | 6.4 | 6.63 | 5 | 6.46 |
| 依法建立休假制度并有效执行 | 6.18 | 6.05 | 6.08 | 4.5 | 6.07 |
| 保护知识产权 | 5.61 | 5.6 | 5.47 | 4 | 5.55 |
| 积极采纳员工的合理化建议 | 5.68 | 5.74 | 5.84 | 5 | 5.74 |
| 向顾客与其他利益相关者传递真实信息 | 5.87 | 5.87 | 5.79 | 4.5 | 5.83 |
| 迅速处理顾客抱怨与退货要求 | 5.84 | 5.79 | 5.92 | 5 | 5.82 |
| 调查顾客满意度 | 5.76 | 5.86 | 5.92 | 4.5 | 5.83 |
| 要求供应商承担社会责任 | 5.26 | 5.6 | 5.45 | 2 | 5.45 |

① 一些人认为，大型企业（包括央企）履行社会责任情况理应好于其他企业，但这并不能表明大型企业对社会责任就更重视。

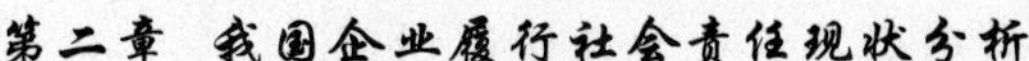


续　表

| 经营规模（与同行业相比） | 特大型 | 大型 | 中型 | 小型 | 总体 |
| --- | --- | --- | --- | --- | --- |
| 避免环境污染 | 5.84 | 5.88 | 6.08 | 2.5 | 5.87 |
| 减少资源消耗 | 5.89 | 5.74 | 6.03 | 4.5 | 5.82 |
| 参与环境治理与保护 | 5.87 | 5.61 | 5.92 | 3 | 5.7 |
| 长期救助老弱病残 | 5.71 | 5.4 | 5.45 | 3.5 | 5.46 |
| 积极参与救灾活动 | 6.37 | 6.03 | 6.26 | 3.5 | 6.13 |
| 经常参加社区公益活动 | 6.05 | 5.63 | 5.63 | 5 | 5.71 |
| 创造就业机会 | 6 | 6.02 | 5.79 | 5.5 | 5.96 |
| 接受大学生实习 | 6.16 | 5.81 | 5.82 | 6 | 5.89 |
| 提供助学金或奖学金 | 5.38 | 4.66 | 4.18 | 4 | 4.7 |
| 建立反商业贿赂的管理机制 | 6 | 5.26 | 5.42 | 5.5 | 5.46 |

注：在接受调查的企业中，特大型企业占21.71%，大型企业占50.43%，中型企业占21.71%，小型企业占6.14%。其中，特大型企业多为央企。

2. 企业性质与企业社会责任绩效

基于企业性质考察分析企业履行社会责任情况发现，履行企业社会责任的各项指标得分最高的是台港澳资企业；得分普遍偏低的是外商独资与中外合资企业；得分处于中游的企业是国有及国有控股和民营企业（见表2-3）；国有企业与民营企业相比较，国有企业履行社会责任情况普遍要好于民营企业。该结果可能与样本结构有一定关系。

**表2-3　企业性质与企业社会责任**

| 公司性质 | 国有及国有控股 | 民营企业 | 外商独资 | 中外合资 | 台港澳资企业 | 股份制公司 | 总体 |
| --- | --- | --- | --- | --- | --- | --- | --- |
| 保持良好经营业绩 | 6.04 | 6.15 | 5.78 | 5.86 | 6.75 | 5.62 | 6.06 |
| 提供优质产品和服务 | 6.05 | 5.95 | 5.78 | 6.14 | 6.75 | 6.12 | 6.05 |
| 促进行业规则建立和完善 | 5.79 | 5.85 | 5.78 | 5.29 | 6.88 | 5.25 | 5.81 |
| 加大研发投入 | 5.6 | 5.57 | 5.33 | 5.43 | 6.5 | 5.25 | 5.6 |
| 依法纳税 | 6.47 | 6.15 | 6.33 | 6.71 | 7 | 6.62 | 6.43 |
| 建立完善的公司法人治理结构 | 6.04 | 5.73 | 5.89 | 5.57 | 6.75 | 6.38 | 5.99 |
| 依法签订劳动合同 | 6.38 | 6.3 | 6.33 | 6.57 | 6.75 | 6.38 | 6.38 |

续 表

| 公司性质 | 国有及国有控股 | 民营企业 | 外商独资 | 中外合资 | 台港澳资企业 | 股份制公司 | 总体 |
|---|---|---|---|---|---|---|---|
| 积极开展员工培训 | 6.19 | 5.95 | 5.78 | 5.71 | 6.62 | 5.5 | 6.09 |
| 保障员工安全与健康 | 6.32 | 5.8 | 5.56 | 5.86 | 6.75 | 6 | 6.15 |
| 按时足额发放工资和加班费 | 6.3 | 5.8 | 6.33 | 6 | 6.75 | 6.25 | 6.19 |
| 建立完善的聘用制度并有效执行 | 6.09 | 5.63 | 5.78 | 5.86 | 6.75 | 5.75 | 5.97 |
| 依法办理社会保险 | 6.49 | 6.22 | 6.78 | 6.29 | 6.75 | 6.75 | 6.46 |
| 保护知识产权 | 5.47 | 5.55 | 5.67 | 6.29 | 5 | 6.5 | 5.55 |
| 积极采纳员工的合理化建议 | 5.81 | 5.4 | 5.56 | 5.71 | 6.38 | 6.25 | 5.74 |
| 向顾客与其他利益相关者传递真实信息 | 5.86 | 5.7 | 5.89 | 5.71 | 6.62 | 5.38 | 5.83 |
| 迅速处理顾客抱怨与退货要求 | 5.84 | 5.7 | 5.44 | 5.43 | 6.88 | 5.88 | 5.82 |
| 要求供应商承担社会责任 | 5.49 | 5.37 | 5.11 | 4.86 | 6.12 | 5.62 | 5.45 |
| 避免环境污染 | 5.85 | 5.77 | 6.22 | 5.86 | 6.88 | 5.25 | 5.87 |
| 减少资源消耗 | 5.83 | 5.65 | 6.11 | 5.57 | 6.75 | 5.5 | 5.82 |
| 参与环境治理与保护 | 5.84 | 5.4 | 5.56 | 4.86 | 6.5 | 5.5 | 5.7 |
| 长期救助老弱病残 | 5.69 | 5.2 | 4.56 | 4.57 | 6 | 5 | 5.46 |
| 积极参与救灾活动 | 6.29 | 5.63 | 6.44 | 6 | 6.38 | 6 | 6.13 |
| 创造就业机会 | 5.88 | 6.18 | 5.78 | 5.57 | 6.62 | 5.75 | 5.96 |
| 经常参加社区公益活动 | 6 | 5.22 | 4.89 | 4.71 | 6.38 | 5.62 | 5.71 |
| 建立反商业贿赂的管理机制 | 5.64 | 5.2 | 4.67 | 5.43 | 5.38 | 5.5 | 5.46 |

注：接受调查的经营管理者来自国有及国有控股企业的占 58.86%，来自民营企业的占 22.86%，来自外商独资企业和中外合资企业的占 9.14%，来自台港澳资企业的占 4.57%，来自股份制公司的占 4.57%。

在我国，国有企业是国民经济的基础，它的所有制性质决定了它是实现社会主义生产目的、实现国家战略和维护社会整体利益的主要经济成分，因此，国有企业必须在社会责任方面起好表率和带头作用。但国有企业的实际表现并没有人们期望的那么好。如表 2－3 所示，国有企业在履行“依法纳税”“积极开展员工培训”“保障员工安全与健康”“按时足额发放工资和加班费”“积极参与救灾活动”“经常参加社区公益活动”等责任方面明显好于民营企业，但在履行“保持良好经营业绩”“促进行业规则建立和完善”“加大研发投入”“保护知识产权”“避免环境污染”“创造就业机会”等责任方面并一定好于民营企业甚至不如民营企业。概括地讲，国有企业在履行法律责任（特别是与员工利益有关的责任）、社会公益责任方面要好于民营企业，但在履行经济责任、环境责任、文化伦理责任等方面并不一定比民营企业好甚至不如民营企业。例如，近几年国有垄断行业职工工资福利水平远远高于全国职工收入的平均水平，这在一定程度上损害了社会成员的劳动积极性。

外资企业，特别是来自西方国家的企业并不重视其在中国的社会责任。问卷调查结果表明，外资企业在“保持良好经营业绩”“促进行业规则建立和完善”“迅速处理顾客抱怨与退货要求”“长期救助老弱病残”“参加社区公益活动”等方面的表现，不仅不如国有企业，还不如我们的民营企业。外资企业的这种状况可能与地方政府的态度和行为有关，地方政府对招商引资的热衷与争抢在一定程度上惯坏了这些跨国巨头。

3. 企业经营状况与企业社会责任绩效

通过对不同经营状况的企业履行社会责任情况进行调查分析，结果表明，企业经营状况越好，企业社会责任绩效也越好，企业社会责任履行状况与企业的经营状况之间存在显著的正相关（见表2-4）。经营状况好的企业在履行“提供优质产品和服务”“依法签订劳动合同”“保障员工安全与健康”“按时足额发放工资和加班费”“依法办理社会保险”“积极参与救灾活动”等责任方面相对较好。“保护知识产权”“参与社区公益活动”“提供助学金或奖学金”等责任的履行情况与企业经营效益的相关性不大。

**表2-4　　经济效益状况与企业社会责任**

| 企业经营状况 | 很好 | 较好 | 一般 | 总体 |
| --- | --- | --- | --- | --- |
| 保持良好经营业绩 | 6.35 | 6.07 | 5.46 | 6.06 |
| 加大研发投入 | 6.02 | 5.46 | 5.46 | 5.6 |
| 提供优质产品和服务 | 6.49 | 5.96 | 5.67 | 6.05 |
| 促进行业规则建立和完善 | 6.42 | 5.64 | 5.46 | 5.81 |
| 依法纳税 | 6.77 | 6.36 | 6.13 | 6.43 |
| 建立完善的公司法人治理结构 | 6.09 | 5.98 | 5.83 | 5.99 |
| 依法签订劳动合同 | 6.7 | 6.31 | 6.17 | 6.38 |
| 积极开展员工培训 | 6.44 | 5.96 | 6 | 6.09 |
| 保障员工安全与健康 | 6.56 | 6.01 | 6.04 | 6.15 |

续 表

| 企业经营状况 | 很好 | 较好 | 一般 | 总体 |
| --- | --- | --- | --- | --- |
| 按时足额发放工资和加班费 | 6.58 | 6.1 | 5.92 | 6.19 |
| 建立完善的聘用制度并有效执行 | 6.37 | 5.88 | 5.67 | 5.97 |
| 依法办理社会保险 | 6.63 | 6.44 | 6.21 | 6.46 |
| 依法建立休假制度并有效执行 | 6.31 | 6 | 5.96 | 6.07 |
| 保护知识产权 | 5.67 | 5.55 | 5.38 | 5.55 |
| 积极采纳员工的合理化建议 | 6.02 | 5.68 | 5.54 | 5.74 |
| 向顾客与其他利益相关者传递真实信息 | 6.37 | 5.69 | 5.54 | 5.83 |
| 迅速处理顾客抱怨与退货要求 | 6.28 | 5.73 | 5.42 | 5.82 |
| 调查顾客满意度 | 6.09 | 5.78 | 5.63 | 5.83 |
| 要求供应商承担社会责任 | 6 | 5.25 | 5.38 | 5.45 |
| 避免环境污染 | 6.21 | 5.82 | 5.5 | 5.87 |
| 减少资源消耗 | 6.02 | 5.8 | 5.58 | 5.82 |
| 参与环境治理与保护 | 5.98 | 5.61 | 5.63 | 5.7 |
| 长期救助老弱病残 | 5.67 | 5.35 | 5.54 | 5.46 |
| 积极参与救灾活动 | 6.42 | 5.97 | 6.29 | 6.13 |
| 创造就业机会 | 6.4 | 5.89 | 5.5 | 5.96 |
| 经常参加社区公益活动 | 6 | 5.51 | 6.13 | 5.71 |
| 接受大学生实习 | 6.14 | 5.79 | 5.92 | 5.89 |
| 提供助学金或奖学金 | 4.71 | 4.57 | 5.25 | 4.7 |
| 建立反商业贿赂的管理机制 | 5.81 | 5.34 | 5.38 | 5.46 |

注：接受调查的企业中，经济效益很好的占24.57%，效益较好的占61.71%，效益一般的占13.72%。

4. 履行员工责任情况

（1）关于北京地区企业履行员工责任情况的调查结果表明，企业的性质、经营规模以及行业类型的不同，企业承担的社会责任及履行情况也不同。国有大中型企业无论在工作环境与条件、工作时间、工资发放，还是福利待遇和培训方面都较好地遵守了《中华人民共和劳动法》的有关规定，较好地维护了员工合法权益。而中小型的民营企业或私营企业在一些方面做的相对差一些，这些企业在员工的工作环境、福利待遇和培训方面的资金投入方面相对较少，由于员工的基本保障得不到满足导致员工流动性比较大，而员工流动性大反过来又限制了企业在履行员工责任方

面的投入（如员工培训、员工社会保障支出等）。

(2) 国有大中型企业中的员工对企业社会责任的理解程度和参与度要比中小型的民营企业要大，这也是国有大中型企业承担社会责任的情况要比中小型民营企业情况要好的一个重要原因。

(3) 在首善之区的北京，企业在承担与员工有关的社会责任方面，有很多值得学习与推广的成功经验，例如，企业比较注重员工培训、生产安全工作，关注伤残病员工以及员工的工作安全与健康等。但是企业在承担企业社会责任方面要完成的任务依然任重而道远，调研反映出在一些企业仍现存一些需要切实解决的问题，如中小型的民营企业或私营企业不支付员工加班费、任意安排员工加班（超负荷劳动）、不为员工办理社会保险等。中小型企业特别是私营企业仍是贯彻落实《劳动合同法》的“死角”。

(4) 一些企业有法不依、侵犯劳动者合法权益的问题主要原因有：经营管理者法律意识和社会责任意识淡薄；政府监管部门监督不力或执法部门有法不依、执法不严；诚信社会大环境的缺失；劳动者维权的成本高等。此外，由于中国多数制造业企业处于全球产业链的末端，工作节奏并不能完全由中国企业经营者自主掌握，大多企业根本无法达到按照法定的工作时间标准安排劳动者劳动的“高标准”，普遍存在违规、违法现象。因“法不责众”，劳动监查部门只能做出选择性执法，而劳动监查部门的选择性执法又在一定程度上放纵了企业的违规违法行为。

## (二) 企业社会责任缺失的主要表现

本项目组调查结果以及中国企业家调查系统、中国社科院企业社会责任研究中心的调查结果均表明，我国企业社会责任绩效水平仍较低，企业社会责任缺失的问题仍比较严重，制售假冒伪劣产品、发布虚假信息、偷税漏税、商业贿赂、拖欠员工工资等违规违法或见利忘义的行为随处可见。近年来发生的影响面较大的“三聚氰胺事件”“毒奶粉事件”“黑煤窑事件”“手机涉黄事件”“江苏昆山爆炸事件”等均印证了这种现实。一些企业以社会责任为工具开展名为利他、实为利己的营销，同样体现了企业社会责任的缺失。

### 1. 股东利益、特别是中小股东的利益经常受到侵害

根据契约理论，企业是利益相关者之间基于各种契约交易而形成的一种法律实体。在各种契约关系中，核心的是企业家与股东之间的关系，因此，企业（家）社会责任首先是股东责任，即要维护股东的利益。虽然企业追求股东利益最大化并不

能保证企业其他利益相关者的利益也能最大化，但是反过来，企业如果不追求股东利益最大化，其他利益相关者的利益将无法得到保证。

把企业经营好，不断提升企业竞争力和经济效益是维护股东利益和其他利益相关者利益的根本途径。近年来，我国上市公司整体实力和效益水平呈现增长趋势，但也有部分上市公司效益较差或波动较大，其中一些上市公司长期带着特别处理（Special Treatment）的帽子。经济效益差或企业实力不能得到提升，那么股东投资就得不到保值增值，股东利益就受到了损害。

除了经济效益差之外，在上市公司中损害股东利益、特别是中小股东利益的问题还有许多，包括大股东任意占用上市公司资金、高管借管理层收购（MBO）侵占原有股东利益、有分红能力但长期不分红、借关联交易实现利益输送等。① 在证券市场中经常出现的恶意圈钱行为也是侵害中小股东利益的典型表现。导致2008年中国股市加速下跌的中国平安、浦发银行恶意圈钱计划就是企业家不承担社会责任、损害中小股东利益的典型例子。企业的这种表现导致了广大投资者对企业的不信任，进而导致国内投资者不愿意进行价值投资。股东不仅指的是大股东，还包括中小股东。

2. 违规违法经营

法律责任是企业应承担的基本责任。但时至今日，经营管理者法律意识淡薄、企业不能依法经营的问题仍比较严重，制售假冒伪劣产品、发布虚假信息、偷税漏税、商业贿赂、拖欠员工工资等违规违法行为随处可见。据国家工商总局公布，北京市工商局从2014年4月初开始开展“保护知识产权打击假冒伪劣”专项整治行动。截至2014年9月，全市工商系统共查办案件2184件，联合相关部门查处取缔无照经营户1894户，捣毁制假售假窝点及仓库26个。专项整治期间，北京市工商局加强了消费维权服务保障工作，指导成立了50余家行业、区域、社区绿色通道联盟单位。上半年，各绿色通道成员单位处理自接消费者投诉15.6万件、工商部门转办投诉1.28万件，和解率在90%以上。

根据项目组在北京所做调查，② 26%的受访者表示所在企业偶尔存在克扣或拖欠工资现象，有2%的受访者表示所在企业经常拖欠或克扣工资；30%的受访者表示所在企业有时不支付加班费，有19%的受访者表示所在企业从来不支付加班费（见图2-1）。由于劳动力市场竞争激烈、经营者忽视亲情管理等原因，隐性加班成

① 中石化陈同海案、五粮液“被调查门”事件都是典型代表。

② 此项调查涉及北京地区企业174家，接受调查的企业员工有386位，其中32%来自国有或国有控股企业，35%来自民营企业；男性占43%，女性占57%。

为一些企业存在的严重问题，而隐性加班与不支付加班费叠加在一起，将在更大程度上侵害员工的合法权益。

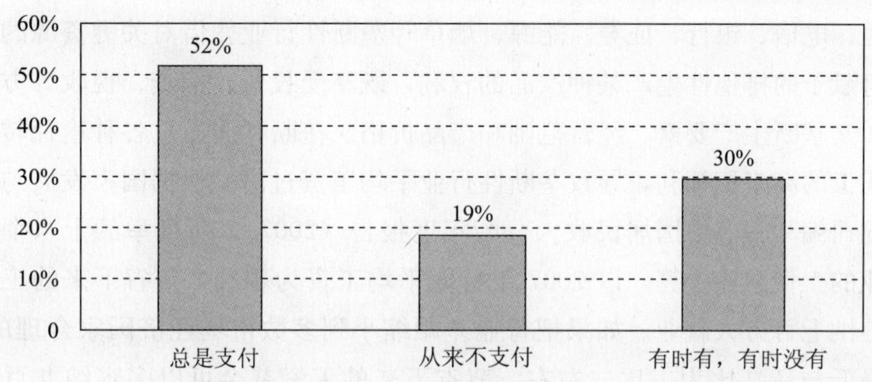


**图 2-1 加班是否支付加班费**

3. 见利忘义、不讲诚信①

在市场经济快速发展的今天，诚信是做人之本，也是企业生存之本。推动诚信商业文化的重塑，开展诚信经营，应是我国每一个企业必须承担的社会责任。但是，时至今日，经营者诚信意识淡薄、见利忘义、企业不能诚信经营的问题在我国仍十分严重，制售假冒伪劣产品、发布虚假广告信息、不正当竞争、拖欠货款、拖欠工人工资等违法违规行为都反映了企业诚信的缺失。更为严重的是，普遍存在的诚信缺失问题还导致了劣币驱逐良币现象的出现，即诚信经营的企业反而经营不下去了。这种现象不仅严重侵害了消费者利益和其他利益相关者的利益，而且严重影响了我国企业的公信力和我国经济的健康发展。

4. 破坏和污染环境

将经济发展建立在环染污境、破坏生态的基础上，是目前我国企业社会责任缺失的重要表现之一。2009 年 10 月，国家电监会公布的一项调查报告指出，华能集团、大唐集团、国电集团等中国十大发电集团的耗煤量总和占了全国煤炭总产量的 1/5，其一年耗煤所造成的环境损失高达 870 亿元人民币。可以肯定地说，任意排放二氧化碳等温室气体、任意排放工业废水及其他废弃物等行为在许多行业和许多地区普遍存在。这种行为不仅严重损害了当代人的利益，而且还损害了子孙后代的

① 一些企业常常把 CSR 当成了事件营销的工具。在近年来，一些企业为了吸引公众眼球，片面追求轰动效应，在赈灾晚会上承诺捐款却无法兑现，最终受到民政部门的批评和消费者的质疑。企业社会责任行为应该取得消费者的信任，并使消费者更多地感知到企业的目的是为了帮助他人，回馈社会。

利益，即破坏了经济社会的可持续发展。降低资源损耗、减少环境污染、参与治理环境污染是每个企业应尽的社会责任。

5. 垄断行业滥用垄断权力

电力、电信、银行、证券、能源、烟草等垄断性行业凭借对关键资源的独自拥有或政府赋予的排他性生产某种产品的权利，既享受投资、信贷、税收等方面的政策扶持，又垄断生产要素、经营范围和产品价格。垄断利润通过各种途径转化为该行业内职工的高工资福利，导致垄断性行业平均工资过高。根据国家发展与改革委员会分配司编写的《中国居民收入分配年度报告（2007）》所列举的十八个行政性垄断行业的工资总额推算，以 2007 年行业平均工资为基数，节省下来的工资基金可以多容纳七百万人就业。如果把行业差距缩小到多数市场经济国家合理的差距，即达到最低与最高比为一比二左右，节省下来的工资基金可以多容纳九百万人就业，而且能够扩大大学毕业生的就业范围。[①]

6. 不能主动、全面、规范披露企业社会责任信息

从目前的总体情况看，我国企业社会责任信息披露还处于初级阶段，这一方面表现为企业披露社会责任信息的积极性普遍较低，较少有企业能够主动披露其履行社会责任情况及存在的问题，而能够定期发布独立性企业社会责任报告或可持续发展报告的企业更少；[②] 有部分上市公司虽然在年度报告中对其社会责任履行情况有所披露，但信息量极少。在这方面，三鹿事件即是典型的代表。三鹿事件表明，一些企业社会责任严重缺失，在遇到责任问题甚至诚信危机时，不能及时、主动披露相关信息以回应公众的关切，甚至百般遮掩和否认。

另一方面在披露什么、对谁披露、如何披露等问题上，我国企业普遍缺乏认识和经验，例如，上市公司已发布的独立性企业社会责任报告普遍存在结构不完整、内容空泛、缺少数据和实例佐证等问题，未能对利益相关方关注的相关议题做出明确有效的反映，更未表明企业的 CSR 方针、政策和目标。此外，经实证分析发现，在信息披露方面，经济效益好、经营规模大的公司往往比效益差、经营规模小的企业做的要好；国有企业往往比民营企业做的要好。企业社会责任信息披露情况不理想，这与企业社会责任意识差、不愿主动承担企业社会责任有密切关系。企业社会责任绩效差，必然导致其披露社会责任信息的积极性不高，甚至主动隐瞒相关

---

① 要解决垄断行业高收入问题，首先要看政府愿不愿意局部地放弃垄断行业提供的庞大经济利益。我们不能将调节行业收入的分配不公仅仅寄希望于垄断行业。

② 通过对互联网或公司网站的扫描、查阅，进行不完全统计，发现 2008 年发布企业社会责任报告或可持续发展报告或企业环境报告的中国本土上市公司只有 120 多家。这些企业中有一半以上的是国有控股公司。

信息。

## 三、企业社会责任缺失成因分析

1. 企业经营者社会责任意识淡薄且缺乏对企业社会责任全面、正确的认识

通过项目组的调查发现，无论是企业管理者还是企业员工或公众，普遍认为，企业经营者社会责任意识淡薄，缺乏对企业社会责任全面、正确的认识是导致企业社会责任缺失的最主要的原因之一。一方面，由于企业经营者素质低下，因此，把赚钱作为企业经营的唯一目标，从根本上忽视了企业应承担的社会责任，结果导致企业社会责任绩效全面低下；另一方面，受个人素质、外部环境等因素的影响，经营者不能全面和正确认识企业社会责任。例如，一些经营者认为，在我国经济社会发展的当前阶段，企业应承担的社会责任就是要把企业经济效益搞上去并保证劳动者持续就业，而其他责任应由主要由政府或其他组织承担，如果企业承担的社会责任越多，企业经济效益必然受到损害；一些经营者把企业社会责任与捐赠、救助等社会公益责任直接画等号，忽视了企业应承担的基本社会责任和中级社会责任。如果企业经营者社会责任意识淡薄，那么，他（她）不可能带领企业积极的去承担社会责任；如果经营者不能全面、正确认识企业社会责任，那么企业很难有效承担社会责任。从一定意义上讲，企业社会责任就是企业经营者社会责任。

2. 地方政府部门执法不严、监管不力，企业违规违法的受惩罚成本小

依法开展生产经营活动是企业应承担的基本责任。但是，由于我国市场经济的法律法规体系不完善，加上地方政府的执法不严、监管不力，极大地助长了企业不守法、不诚信、不负责任的行为。近年来，频频发生的毒奶粉、黑煤窑、黑砖窑、苏丹红、假药等事件都在一定程度上折射出了地方政府执法不严、监管不力的问题。该问题一方面与地方政府某些官员的法律意识淡薄、社会责任感缺失有关；另一方面与地方政府过分追求政绩及地方保护主义有关。过分追求政绩的思想使地方政府对当地企业污染环境、弄虚作假、恶意拖欠等行为视而不见。此外，在一些地方，官商勾结、以权谋私等问题也增加了执法的难度。

3. 消费者维权意识和维权能力薄弱

如果消费者普遍拥有较强的博弈能力和维权能力，就可以让消费者的权利成为真实的权利。但是，目前的实际情况是，我国消费者维权意识普遍不强（维权意识在很大程度上体现为法律意识），并且由于法律法规不健全、执法不严等因素抑制

了消费者整体的维权能力。由于消费者维权意识和维权能力薄弱，极大地助长了企业不负责任的行为。消费者维权意识和维权能力薄弱还与消费者不负责任的消费行为有关。购买假货水货是许多消费者习惯的购买行为。从这个角度讲，促进负责任的理性消费理念的养成，可以让消费者的潜在力量成为真实的决定力量，让那些缺少社会责任感的企业感受到来自市场的力量。当然，消费者维权能力的培养，离不开制度保障，如对消费者知情权与监督权的保障，对消费者维权行为的保障。

4. 社会诚信环境不完善

缺乏诚信的社会大环境，也是助长企业不负社会责任的重要原因。如果政府官员社会责任意识淡薄且不愿意承担社会责任，如果周围的企业都不重视、不履行企业社会责任，如果消费者普遍采取不负责任的消费行为（如购买冒牌商品），那么，在这样的环境中，企业很难会产生履行社会责任的积极性。而从目前情况看，我国能够积极且有效履行社会责任的企业属于少数，加上一些政府官员不作为、一些消费者不负责任消费，使企业失去了承担社会责任的压力，更失去了履行社会责任的积极性。

5. 公司治理结构不完善

公司治理和企业社会责任之间是一种相互依存、相互促进的关系，完善的公司治理机制是企业认真、有效履行社会责任的制度保证，而企业积极承担社会责任的主要表现之一是推动公司治理结构的完善和良性发展。目前，我国许多企业特别是大型国有企业或国有控股公司都存在内部治理结构不完善的问题，如董事长或总经理“一言堂”、经营者激励约束机制不健全、董事会中的专业委员会作用得不到有效发挥、监事会监督乏力等。由于公司治理结构不完善，导致企业行为短期化和重大决策失误、信息披露不规范、资产流失等问题的出现。

6. 长期依赖成本领先的竞争模式

在我国家电、纺织服装、玩具制造、皮革加工、批发零售等行业，因创新能力薄弱、经营管理水平低等因素的制约，多数企业长期依赖成本领先的竞争和发展模式，并被长期锁定在国际产业链的低端。这使得这些企业非常关注履行社会责任的成本问题，并因担心成本增加并影响企业收益而失去履行社会责任的积极性。而社会责任的缺失又从融资、人力资源、生产、市场推广等方面限制了企业的发展，使企业陷入进退两难的境地。

## 四、加强企业社会责任管理的措施和建议

从总体上看，目前我国企业社会责任绩效水平仍比较低，企业社会责任实践仍处于起步阶段。这种现状在一定程度上影响了我国和谐社会的建设和经济社会的可持续发展。因此，如何加强企业社会责任管理进而推动企业社会责任绩效的提升成为社会各界共同面对的紧迫而又艰巨的任务。正如一些研究报告所指出的，要推动我国企业社会责任运动，需要社会各界共同努力，而且需要解决好立法、政策扶持、机制构建、执法、宣传、监督等多层面的问题。

根据对北京、浙江、内蒙古等地区192家企业的367位中高层管理者的问卷调查，大多数经营管理者认为，“完善法律法规”、“加强政府政策引导和督促”和“完善公司治理结构”在推进我国企业社会责任实践中将发挥更大作用，如表2-5所示。

表2-5　　如何提升我国企业社会责任绩效

| 措施 | 评价 |
| --- | --- |
| 完善法律法规 | 5.81 |
| 法律强制要求 | 5.15 |
| 加强政府政策引导和督促 | 5.76 |
| 完善公司治理结构 | 5.67 |
| 企业自觉承担并纳入战略管理范畴 | 5.57 |
| 社会团体及公众的监督 | 5.26 |
| 建立健全第三方评价机制 | 5.43 |

注：分值越高，表明对相应措施的重要性越认同。

从企业层面看，除了强化企业经营者社会责任意识、增进其对企业社会责任认识外，完善企业内部的社会责任管理体系成为重中之重，而该体系的建立必须基于从反应型CSR向战略型CSR的转变。

1. 从反应型CSR向战略型CSR转变

调查发现，一些企业已经开展了许多社会责任活动，以图改善其对社会和环境的影响；但是，它们的努力往往没有带来它们所希望的结果。这里有两个重要原因：一是它们把商业与社会对立起来，企业社会责任活动仅仅满足于对社会期望做出反应；二是不能保证社会责任与企业战略的一致性。目前流行的各种履行社会责任的方式都是非常分散的，与企业战略也不大相关，企业因此而失去了通过服务社会来获益的重要机会。相反，如果企业能用统一的框架来分析社会责任的前景，那么就会发现 CSR 对于企业来说不止是成本、障碍，同时也是机会、创新和竞争力来源。①

如图 2－2 所示，加强战略型企业社会责任管理，首先，要求企业必须将社会责任内含于企业文化中，并使之成为全体员工共同拥有的价值观念；与此同时，在制定企业战略时，必须将社会责任作为重要的战略目标，并明确基本的企业社会责任方针、政策。只有将社会责任整合进企业统一的战略框架中，才能保证企业 CSR 活动不仅有利于社会，而且能够给企业带来价值提升的机会。

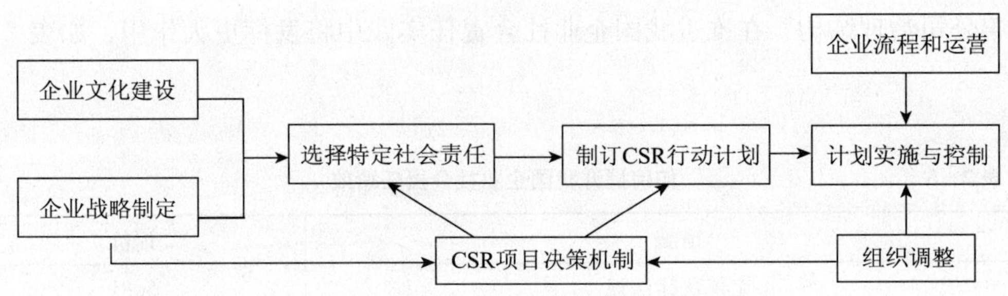


**图 2－2　战略性企业社会责任管理基本思路**

其次，选择特定企业社会责任。企业不可能解决所有的社会问题，也无法承担所有的社会责任。每家企业必须选择与其特定业务相关、有资源支撑的社会问题，并成为解决问题的倡导者和推动者，而其他社会责任应该留给其他企业去履行。例如，对于快餐企业来说，可以从提倡健康生活和饮食理念着手，制定企业社会责任目标和 CSR 投资策略；制药企业则可以从降低药品价格着手开展 CSR 活动，让产品更多地惠及普通大众，尤其是低收入者；而零售企业则可以从倡导健康生活方式和绿色消费观念着手，开展 CSR 活动。图 2－3 是中国民生银行以“服务大众、情系民生”为核心理念的企业社会责任模型，该模型表明中国民生银行将重点履行四个领域的社会责任，即市场绩效、绿色金融、慈善公益和和谐共赢。该模型是建立

① 反应性 CSR 具有趋利避害的作用。反应性 CSR 具有表现公民行为的作用，可用来回应社会和利益相关者的关注，减弱企业经营活动所产生的现实或者潜在的负面影响。但反应性 CSR 往往不能成为机会、创新和竞争力的来源。

在对企业各利益相关方需要的深入分析基础上的（参见中国民生银行 2013 年企业社会责任报告）。

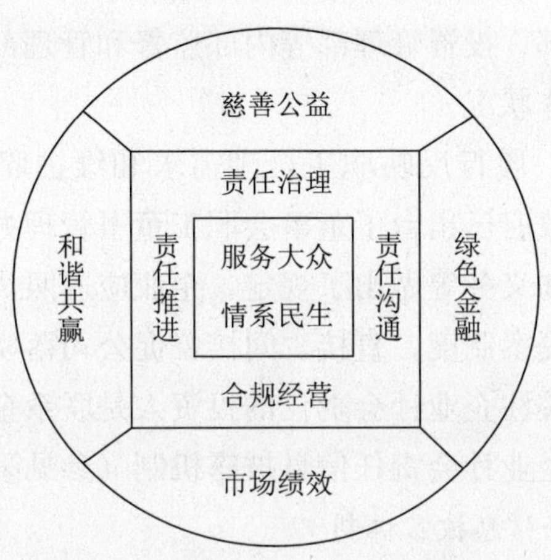


图 2－3 中国民生银行社会责任模型

再次，要制订可行的 CSR 行动计划。根据波特的主张，企业可以从价值链优化和竞争环境改善两方面入手制订 CSR 行动计划。其中，价值链优化既可以体现为整个价值链的重构，也可以体现为某个价值活动的创新。通过价值链重构或创新，同时为企业和社会带来共享价值。环境的改善主要指企业在战略性的社会公益活动方面的投资，这种投资同样应为企业和社会带来共享价值。为了保证 CSR 计划的科学性和可行性，企业需要建立适合的 CSR 决策机制。

最后，为了保证企业社会责任目标的实现，必须对 CSR 计划执行过程进行控制。有效的 CSR 控制要求企业对原有组织结构进行必要的调整（如设立首席责任官、社会责任部门），并明确各级管理者的 CSR 管理职责，制定相应的绩效考评标准。为了加强 CSR 控制，应定期组织对企业社会责任投资的效果进行评估和分析。

2. 建立健全社会责任导向型的公司内部治理机制

在一定意义上讲，企业社会责任首先是公司治理的问题。完善的公司治理结构为企业认真、有效履行社会责任提供组织和制度保证，建立企业社会责任导向型的公司治理模式是公司治理的演进方向。要建立健全公司内部治理机制，应从以下几方面入手。

（1）在董事会层面设立专门的委员会，负责对企业社会责任方针政策、社会责任计划、社会责任投资方案、相关管理制度的制定与修订行使决策权，对管理层的社会责任绩效进行考核，对企业的社会责任行为进行监督。

（2）拓宽监事会信息获取渠道，为监事会有效行使监督职权提供保障。除了完善重要会议列席制度外，企业应当建立信息资料日常报送制度，及时将有关规章制度、财务和生产经营动态及分析资料等报送监事会。监事会应加强与公司审计监察部、法律部、计划财务部、投资管理部等内部监督和管理部门的日常工作联系，以及时了解公司资产的运作状况。

（3）增设职工董事，履行反映职工合理需求和维护职工合法权益等职责。目前，国资委和一些地方政府已出台了董事会职工董事管理办法，对职工董事的任职条件、选举产生、权责和义务等做出了规定，企业应遵照执行。

（4）建立健全股东提案制度，直接、间接督促公司落实其社会责任，同时培育更多负责任的投资人（关注企业社会责任的投资人是联系企业和社会的纽带）。

（5）完善上市公司企业社会责任信息披露机制（参见第五章）。

3. 完善企业社会责任信息披露机制

企业对其承担社会责任情况的相关信息予以整理、分析、计量、核算与披露，不仅有利于向企业利益相关者提供全面的相关信息，帮助他们做出科学的决策，同时还有助于社会责任信息的使用者客观、准确评价企业社会责任的履行情况和存在的问题，并促使企业科学、合理制定企业社会责任战略和行动计划，有效开展企业社会责任活动。完善企业社会责任信息披露机制应从信息披露内容界定、披露形式选择、企业社会责任报告的撰写、企业社会责任报告审计等方面入手。在披露形式的选择上，应强化独立的描述性企业社会责任报告形式，并积极探索和建立会计基础披露模式。编制独立的企业社会责任报告，不仅要反映企业履行社会责任的情况和存在问题，而且要表明企业的社会责任管理方针、政策及组织架构（以保证 CSR 建设的持续性），表明企业社会责任长、中、短期目标（以形成履行 CSR 的良性循环）；完善每股社会贡献值的核算。

4. 塑造企业的责任文化

加强战略性企业社会责任管理，首先要求企业必须将社会责任内含于企业文化中，并使之成为全体员工共同拥有的价值观念。众所周知，“以质量求生存，以信誉求发展”是许多著名企业的宗旨，这些企业之所以多少年来一直得到消费者的信任，就是因为他们将道德和责任放在了首位。而一些开始时极为红火的企业，几年后却销声匿迹了。究其原因，是他们放松了对自己的要求，只顾及眼前的蝇头小利，而缺乏长远的眼光，久而久之，也就失去了消费者。因此，完善企业社会责任管理体系，根本上应从企业文化建设着手，组织企业全员开展道德准则知识的学习，塑造企业的特色文化，铸造企业的责任灵魂。

社会责任导向的企业文化应是包含了契约文化、合作文化、合法文化、合理文化、生态文化、感恩文化等内含的特色文化。要建立社会责任导向的企业文化，首先，要求企业经营者要有强烈的社会责任感，要身体力行并感召他人；其次，将社会责任融入企业的经营目标和规章制度中，成为员工行为的重要约束力，并作为绩效考评的依据；最后，加强对企业社会责任理念和目标的宣传。

# 第三章 我国企业社会责任体系的构建

为推动我国企业社会责任活动的开展，需要建立完善的企业社会责任体系。该体系不仅要反映各利益相关方的需要及我国经济社会发展的现状，而且还要表明各社会责任要素之间的关系。由经济责任、法律责任、环境责任、文化伦理责任和社会公益责任五个维度和基本责任、中级责任、高级责任三个层次构成的企业社会责任体系较好地满足了上述要求。五个责任维度较好地体现了各利益相关方的需要，而三个层次较好地体现了企业与社会的相互依存关系，其中基本责任是企业生存之根本，中级责任与企业发展环境的改善密切相关，高级责任是企业自我裁量责任。促进就业、推动自主创新、推动行业竞争规则的建立、推动诚信商业文化的塑造等是具有中国特色的企业社会责任，但企业社会责任首先还是股东责任，保证股东利益是企业承担各种社会责任的基础。

企业社会责任（CSR）活动的开展，不仅需要加强企业社会责任意识的培养和营造有利于企业履行社会责任的社会环境，而且需要建立完备的企业社会责任概念和体系框架。但现有的 CSR 概念及其体系构成都是西方学者用西方企业样本在西方文化背景和特定制度安排下得出来的。中国有自己特殊的社会文化环境，中国经济社会发展也有自己的特色和要解决的具体问题，因此，应积极探索和建立符合中国特色的 CSR 体系。有了这样的体系，也为政府相关部门制定有关政策、法规或相关组织建立 CSR 绩效评价指标体系提供了依据。

## 一、中外关于企业社会责任体系构成的主要观点

履行企业社会责任是全社会对企业的要求和期望，推动企业社会责任运动有助于实现经济效益、社会效益和环境效益的统一，以及社会和谐和可持续发展。企业社会责任作为一个研究领域，在西方国家已有五十多年的发展历程，至今仍然是一个备受关注的话题。

## （一）国外学者或机构的主要观点

经过几十年的研究和争论，尽管关于企业社会责任的内涵已基本上达成共识，但关于企业社会责任的构成要素及要素间的关系，不同学者或机构仍存在分歧，他们提出了多种分类方法并构建了不同的 CSR 体系。

Carroll（1979）将企业社会责任分为四类：经济责任、法律责任、伦理责任和自行裁量的责任。Carroll 认为，首先，经济责任是企业最基本也是最重要的社会责任但并不是唯一责任；其次，作为社会的一个组成部分，社会赋予并支持企业承担生产性任务、为社会提高产品和服务的权利，同时也要求企业在法律框架内实现经济目标，因此，企业肩负着必要的法律责任；再次，虽然企业的经济和法律责任中都隐含着一定的伦理规范，公众社会仍期望企业遵循那些尚未成为法律的社会公认的伦理规范；最后，社会通常还对企业寄予了一些没有或无法明确表达的期望，是否承担或应该承担什么样的责任完全由个人或企业自行判断和选择，这是企业可以自行裁量的责任。从企业考虑的先后次序以及重要性而言，Carroll 认为企业社会责任体系呈金字塔型结构，经济责任是基础并占最大的比例，法律的、伦理的以及自行裁量的责任依次递减，如图 3－1 所示。

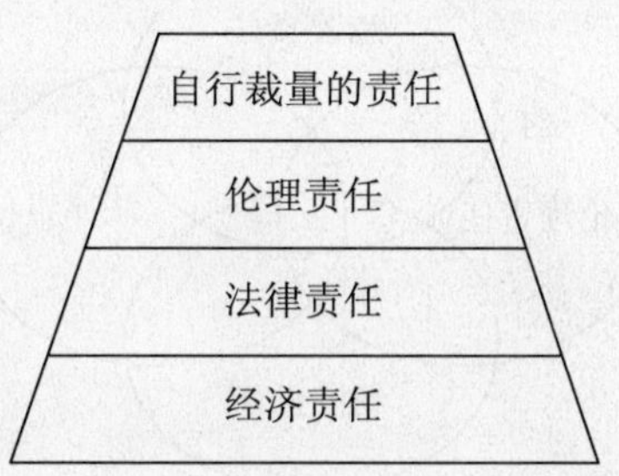


**图 3－1　企业社会责任的金字塔模式**

Modic（1988）将企业社会责任分为八个方面：一是产品制造方面的责任，即生产和提供安全可靠的产品；二是在营销活动中的责任，如做诚实的广告等；三是在员工教育培训方面的责任；四是环境保护的责任；五是提供良好的员工关系和福利的责任；六是提供平等就业的机会；七是注重员工的安全与健康；八是参与慈善活动。而 Isabelle 和 David 通过对美国和欧洲国家的 CRS 调研，归纳出企业社会责任的五个维度和 11 项内容：一是对社会公众的责任，包括艺术与文化建设、赞助教育、提高全民生活质量、安全和环境保护等；二是对顾客的责任，主要是提供安全可靠的产品和服务；三是对员工的责任，包括提供平等的机会、健康和安全等；四是对股东的责任，包括创造利润、公开信息、公司治理等；五是对供应商的责任，主要是机会平等。

Basu 和 Palazzo（2008）从过程视角分析了 CSR 的要素构成，并把 CSR 的要素构成分为以下三个层面：①认知层面，表明企业如何思考与其利益相关者和更加广泛的世界之间的组织关系，以及与关键关系方开展具体活动的理性认识；②释义层面，表明企业如何解释其参与 CSR 活动的动机，以及如何与利益相关者分享这些动机；③行为层面，表明企业所采取的行为方式，以及向利益相关者做出的承诺和展示的战略一致性或不一致性。

Geva 基于以往大量的 CSR 研究把 CSR 要素构成模式分为三类，即金字塔模式（见图 3－1）、交叉圆环模式（见图 3－2）和同心轴模式（见图 3－3）。与金字塔模式不同，交叉圆环模式认为不同社会责任之间存在着动态的相互作用关系，没有哪种社会责任优先于其他社会责任。同心轴模式则强调各种责任之间的相互依存关系，体现了由外向内与由内向外的统一，由外向内反映了促进社会进步和保护企业的核心功能；而由内向外则反映了企业自身所体现的社会规范的扩散甚至国际化趋势。

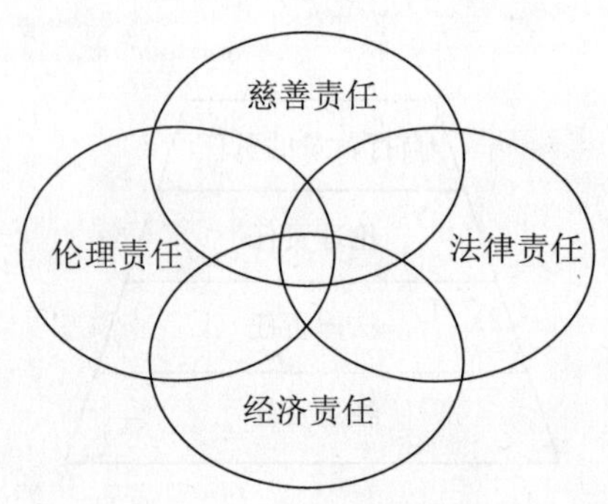


**图 3－2　交叉圆环模式**

美国全国会计师协会（NAA）1974 年发表研究报告，认为企业社会责任的主要领域包括社区参与、人力资源、自然资源和环境、产品与服务四个大类。于 2000 年 7 月正式启动的联合国全球契约计划（UNGC）号召各国企业应积极承担人权、劳工标准、环境及反贪污四个方面的社会责任并履行相关的十项基本原则。全球契约是人们解决全球化带来种种问题的一个新思路，即促使跨国公司成为解决社会、环境等问题的积极力量。

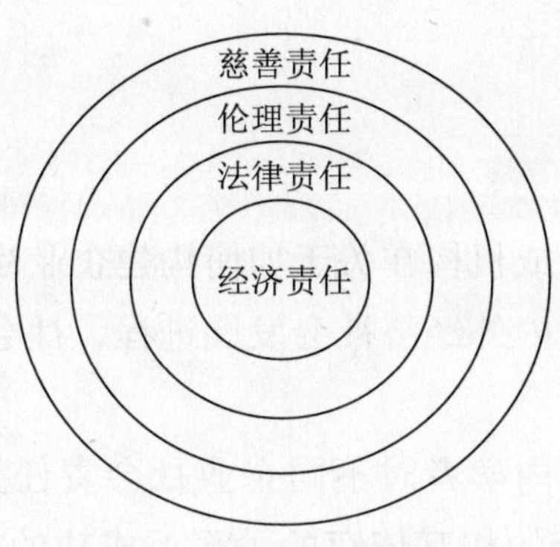


图3-3　同心轴模式

## （二）国内学者或机构的主要观点

陈迅（2005）认为，根据社会责任与企业关系的紧密程度可以把企业社会责任分为三个层次：一是基本责任，内容包括对股东负责、善待员工；二是中级责任，内容包括对消费者负责、服从政府领导、处理好与社区的关系、保护环境；三是高级责任，内容包括积极慈善捐助、热心公益事业。

徐尚昆（2007）认为，现有的企业社会责任概念及其体系构成都是西方学者用西方企业样本在西方文化背景和特定制度安排下得来的，因此，应积极探索符合中国社会文化背景和制度安排的企业社会责任体系。通过归纳性研究，徐尚昆得出中国 CSR 的 9 个维度，即经济责任、法律责任、环境保护、客户导向、以人为本、公益事业、就业、商业道德、社会稳定与进步。

由国务院发展研究中心、国务院研究室、国资委、国家统计局、中国企业联合会等机构发起的中国企业家调查系统将企业社会责任的范围设定为四个方面：①经济责任，包括创造良好的经营业绩，保持持续竞争力，保障股东权益，依法纳税。②法律责任，一方面，在企业内部，建立健全企业治理结构，为员工提供安全健康的工作环境，在用工、招聘中提供平等机会；另一方面，在企业外部，不从事贿赂、腐败等行为，在同业竞争中遵守公平竞争原则等。③伦理责任，包括维护员工和消费者的权益、为他们创造价值，提供优质产品和服务，营造健康和谐的企业文化，以及为员工进一步的成长和发展提供机会等。④公益责任，包括为社会提供就业机会，救助社会弱势群体，参与社会、社区公益活动和捐助慈善事业等。

### （三）评述

长期以来，国内外学者或机构在关于如何构建企业社会责任体系问题上始终存在着分歧。分歧的存在与国内外经济社会发展进程、社会文化、制度安排等因素有密切关系。

（1）相比国外学者，国内学者对不同企业社会责任要素之间的关系关注较少。CSR 体系要表明企业与社会的相互依存的关系。成功的企业需要健康的社会环境，而健康和谐的社会也需要成功的企业。正确认识企业与社会的关系，就不会把商业与社会对立起来。

（2）国内外学者普遍认同消费者责任、员工责任、环境责任、社会公益责任均属于企业应承担的社会责任，而对于股东责任是否属于企业社会责任范畴存在分歧。一些学者认为，股东责任应是企业承担的最基本的社会责任，保证股东利益是企业承担其他各种社会责任的基础。但仍有一些人认为，股东责任与企业社会责任之间存在一定的冲突。

（3）国内学者较为重视企业与政府的关系，并把服从政府领导、支持政府开展的活动等作为企业应承担的社会责任，而国外学者或机构对比基本上没有给予考虑。这种分歧显然与中西方经济体制和社会发展历史的差异有密切关系。在就业方面，国外学者主要强调企业应提供平等就业机会，而国内学者或机构进一步强调企业应创造更多的就业机会，减轻社会就业压力。

## 二、我国经济社会发展现状及其对企业 CSR 的特殊要求

CSR 体系的构建应遵行协调性原则，即企业社会责任实践应与企业内外部环境相协调。在不同的社会文化背景下，在经济社会发展的不同阶段，企业应承担不同的社会责任。西方社会认同的企业社会责任，我国企业应积极承担，因为我国企业也要进入国际市场并接受国际社会的检验。但由于所处经济社会发展阶段的不同，西方社会没有重视的一些责任或者他们已经较好履行但我们仍没有给予足够重视的责任，如促进就业、促进诚信商业文化的培育、推动技术进步、要求商业伙伴承担社会责任等也是我国企业应努力发展的方向。

## （一）关于提供安全可靠的产品和服务

近年来，我国企业通过加强技术改进和质量管理，向市场所提供的产品和服务质量水平普遍提高，较好地满足了顾客需要。但近年来频频发生的产品质量事件说明，仍有一些企业急功近利、唯利是图，严重损害了消费者利益，扰乱了市场秩序。不论从哪个角度讲，向社会提供安全可靠的产品应是企业承担的基本责任，但在我国目前阶段，仍有一些企业连这样的责任都不愿意承担，这也说明一些企业在道德价值取向上的根本性缺失。基于这种现状，将“提供安全可靠的产品和服务”纳入我国企业社会责任体系并加以重点监管，成为加强我国企业 CSR 管理的重要措施。

## （二）关于促进就业

我国是一个拥有 13 亿人口的发展中国家，解决就业问题比其他国家更为艰巨。一方面，我国存在巨大的潜在失业人群，应届大学生“毕业就失业”现象就说明了这一点；另一方面，伴随农村城市化进程而不断产生的新型失业者已成为政府和社会关注的重心。此外，国有企业改革带来的职工下岗问题仍未得到全面解决。因此，促进就业必然成为我国企业应积极承担的一项社会责任。调查结果也表明，我国企业普遍认同将促进就业作为应承担的社会责任之一。

## （三）关于公司治理

公司治理和企业社会责任之间是一种相互依存、相互促进的关系，完善的公司治理机制是企业认真履行社会责任的组织保证，而企业积极承担社会责任的主要表现之一是推动治理结构的完善和良性发展。目前，我国许多企业特别是大型国有企业或国有控股公司都存在内部治理结构不完善的问题。由于治理结构不完善，导致行为短期化、重大决策失误、信息隐瞒、资产流失等问题。因此，建立完善的公司治理结构，在企业内部做出有利于各利益相关方参与公司治理的制度安排，应是目前我国企业应承担的社会责任之一。

## （四）关于诚信商业文化的重塑

我国改革开放已经历了三十多个年头，但市场经济体制仍不完善，良性市场秩序仍未完全形成，一个重要表现就是诚信商业文化遭到严重破坏，弄虚作假、假冒伪劣、恶意拖欠、滥用垄断权力等不讲诚信、不讲商业道德的行为处处可见，并导致劣币驱逐良币的现象（讲诚信的企业反而生存不下去了）。这种现象不仅严重侵害了消费者利益和其他利益相关者的利益，而且严重影响了我国企业的公信力和我国经济的健康发展。在市场经济快速发展的今天，诚信是做人之本，也是企业生存之本。因此，推动诚信商业文化的重塑，开展诚信经营，应是我国每一个企业必须承担的社会责任。

### （五）关于自主创新和知识产权保护

20 世纪 90 年代以来，通过吸引外资、加强与跨国公司的广泛合作，我国企业技术水平和技术能力普遍有所提高，但与发达国家企业相比，仍有较大差距，特别是企业技术创新机制仍不完善，自主创新能力仍十分薄弱。正因为如此，我国大多数企业在全球产业链体系中所处的分工地位始终没有明显改善，进而影响了企业赢利能力和国际化进程。所以，我国企业特别是国有大型企业必须承担起建立和完善技术创新机制、加大研究开发投入、提高自主创新能力的责任，以增强我国产业整体竞争力和国民经济的可持续发展能力。此外，强化知识产权意识，实施知识产权战略，实现技术创新与知识产权的良性互动，形成一批拥有自主知识产权的核心技术和知名品牌，也是我国大型企业特别是国有大型企业集团必须承担起的社会责任。

### （六）关于供应链企业社会责任

随着经济全球化和一体化程度的不断提高，单个企业的竞争力已不单纯表现为企业自身的竞争力，更多的与企业所在的整个供应链的竞争力联系在一起。因此，越来越多的跨国企业开始在供应链视角下推行企业社会责任，通过跟踪供应链上各个合作伙伴的劳工使用、环境保护和社会责任实践情况，确保他们履行社会责任，以保证企业自身处于一个有利的竞争态势。其实，供应链中每一个企业都应承担社会责任，任何一个企业对社会责任的贡献都会让整个供应链受益，而任何一个企业不负责任的行为所导致的后果都要由整个供应链来承担，三鹿事件就是典型代表。我国企业也应向西方跨国公司学习，除了要做好自身的社会责任管理实践，还应对国内商业合作伙伴提出社会责任的要求，特别是供应链中的核心企业应在规则制定、过程协调和结果控制等方面发挥举足轻重的作用。加强供应链企业社会责任管

理，不仅有助于实现整体供应链企业社会责任价值最大化，而且有助于提升供应链整体竞争力。

### （七）关于支持教育事业

随着我国市场经济的不断发展，社会和用人单位对高校本科毕业生需求出现了新的变化，实用型、复合型人才受到广泛青睐。但是，实用型、复合型人才的培养并非高等院校一方的责任，也是企业应该承担的责任。办学实践表明，再好的软件、案例或实验教学都替代不了实际工作中经验的积累和能力的锻炼。所以，企业应积极创建校企合作平台或利用好已经建立的合作平台，在推动科技转化为现实生产力的同时，为大学生实习实践提供机会，促进大学生就业和人才的合理配置。

## 三、具有中国特色的企业社会责任体系

图 3－4 是构建具有中国特色的 CSR 体系的逻辑框架，表 3－1 是具有中国特色的企业社会责任体系，不仅要考虑各利益相关方的需要，而且必须考虑我国经济社会发展现状，以及实现经济可持续发展和构建和谐社会的需要。此外，该体系应体现企业社会责任不同要素之间的关系，或者说要反映企业与社会之间的互相依存的关系。

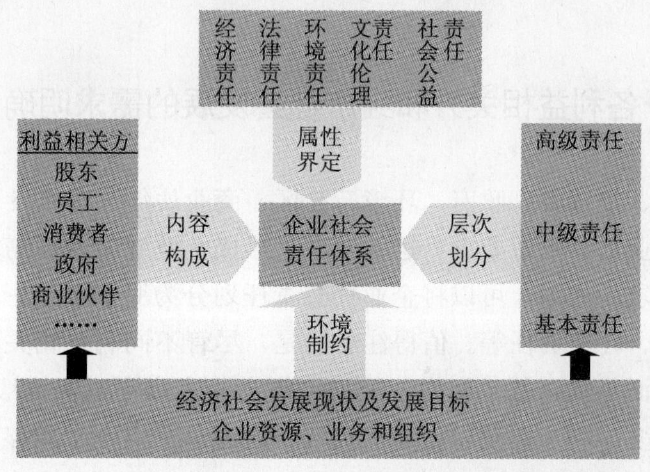


**图 3－4　构建企业社会责任体系的逻辑**

表 3-1　具有中国特色的企业社会责任体系

| | 经济责任 | 法律责任 | 环境责任 | 文化伦理责任 | 社会公益责任 |
|---|---|---|---|---|---|
| 基本责任（企业生存之根本） | 1. 保持良好经济效益<br>2. 维护股东利益<br>3. 加大研发投入，提高技术水平<br>4. 维护债权人利益 | 8. 提供合格产品和服务<br>9. 依法纳税<br>10. 维护员工合法权益<br>11. 遵守公平竞争原则<br>12. 不搞腐败、贿赂 | | | |
| 中级责任（创造发展条件） | 5. 要求商业伙伴承担社会责任<br>6. 积极采纳员工的合理化建议 | 13. 建立完善的公司治理结构<br>14. 保护知识产权 | 16. 减少环境污染<br>17. 节省资源<br>18. 废弃物回收 | 20. 参与诚信、互利商业文化建设<br>21. 建立积极、宽松的学习型组织文化<br>22. 消除各种形式的强迫劳动 | 24. 支持教育<br>25. 促进就业 |
| 高级责任（锦上添花） | 7. 促进行业竞争规则和秩序的建立 | 15. 做法律的建言者和维护者 | 19. 环境恢复 | 23. 促进员工成长和发展 | 26. 参与救灾活动<br>27. 救助弱势群体<br>28. 参与社区公益活动 |

## （一）基于各利益相关方和经济社会发展的需求明确 CSR 内容

股东、员工、消费者、政府、环境、社区、商业伙伴和整个社会都是企业的利益相关者，对企业都有利益要求，这些要求是形成企业社会责任需求的根源。根据企业社会责任需求的成因，可以将企业社会责任划分为股东责任、员工责任、政府责任、社区责任、环境责任等。值得注意的是，尽管不同利益相关者会有不同的要求，但在许多方面是统一的。例如，股东希望企业多赢利以实现股东利益最大化，员工也希望企业多赢利从而获得更多的报酬，政府也希望企业能够多赢利从而获得更多的税收。正因为如此，仅按利益相关者的要求来划分企业社会责任往往会出现交叉、重叠。

## （二）基于社会责任属性划分 CSR 维度

根据企业社会责任的属性，可以将企业社会责任分为经济责任、法律责任、环境责任、文化伦理责任和社会公益责任五个维度。企业作为微观经济主体，必须承担赢利、提供安全可靠的产品的社会责任，这是企业立足之本。企业必须在法律框架内实现经济目标，因此，企业肩负着必要的法律责任。虽然企业的经济和法律责任中都隐含着一定的伦理规范，但社会公众仍期望企业遵循那些尚未成为法律的社会公认的伦理规范。企业开展经营活动必须从环境中获取资源，同时企业行为不可避免地会对环境产生影响，甚至是破坏性影响，因此，企业应积极承担环境责任。此外，企业应积极参与社会公益活动。

## （三）基于社会责任与企业关系的紧密程度构建 CSR 体系

根据社会责任与企业关系的紧密程度，可以将企业社会责任分为三个层次：

一是基本企业社会责任，即不管企业自身资源条件如何，都必须承担这些责任，内容包括提供安全可靠的产品和服务、保持良好的经营业绩、依法纳税、依法签订劳动合同、保证员工基本权益、遵守公平竞争原则等。基本企业社会责任主要涉及股东、员工、消费者、政府四个利益相关者，而且多为经济责任和法律责任。不能承担基本企业社会责任，企业不可能生存下去。

二是除非企业条件限制否则应努力承担的中级企业社会责任，内容包括：积极采纳员工合理化建议、保护知识产权、减少资源消耗、促进就业、支持教育、推动诚信商业文化建立等。中级企业社会责任几乎涉及所有的利益相关者。不能承担中级企业社会责任，企业的生存和发展将受到威胁；而有效地履行了中级责任，则有助于营造良好的内外部环境，进而促进企业的发展。

三是企业应积极承担的高级企业社会责任，内容包括：积极参与社会公益事业、促进行业竞争规则的建立、开展有利于环境恢复的活动、参与救灾活动等。社会公益责任则多为高级责任，是企业的自我裁量责任。

## 四、我国企业社会责任指标体系定量分析——以我国零售行业为例

根据以上分析，我们构建了如表 3-2 所示的零售企业社会责任指标体系。该体系由五大类、20 个小项责任构成。该体系不仅包括了一般企业应承担的社会责任，而且包括了零售企业应积极承担或更加重视的社会责任，如维护供应商利益、销售绿色产品、促进绿色物流等。为方便定量分析，该体系只包含了我国零售企业应承担社会责任的一级指标和二级指标，当然，在二级指标下，还可以列出三级指标。

表 3-2　　我国零售企业社会责任评价体系

| | | |
|---|---|---|
| 我国零售企业社会责任体系 $A$ | 经济责任 $B1$ | 追求良好的经济效益 $C1$ |
| | | 保障供应商的利益 $C2$ |
| | | 保障股东利益 $C3$ |
| | | 提升竞争力 $C4$ |
| | 法律责任 $B2$ | 提供合格产品和服务 $C5$ |
| | | 为员工提供安全健康的工作环境 $C6$ |
| | | 依法纳税 $C7$ |
| | | 维护员工合法权益 $C8$ |
| | | 遵守公平竞争原则 $C9$ |
| | | 不从事腐败贿赂行为 $C10$ |
| | 环境责任 $B3$ | 降低能耗，节约资源，污染控制 $C11$ |
| | | 积极销售绿色产品 $C12$ |
| | | 促进绿色物流 $C13$ |
| | 文化伦理责任 $B4$ | 培育健康和谐的企业文化 $C14$ |
| | | 促进诚信商业文化建设 $C15$ |
| | | 消除各种形式的强迫劳动 $C16$ |
| | | 促进员工成长和发展 $C17$ |
| | 社会公益责任 $B5$ | 促进就业 $C18$ |
| | | 参与社会公益活动 $C19$ |
| | | 救助社会弱势群体 $C20$ |

## (一) 分析方法和数据来源

我们采用目前流行的层次分析法对企业社会责任指标体系进行定量分析，以确定指标体系中的一级指标和二级指标的权重。在层次分析法的具体使用中，我们采用了两两因素比较的 1～9 标度法，如表 3－3 所示。

**表 3－3　1～9 标度法**

| 标度 $a_{ij}$ | 定义 | 说明 |
| --- | --- | --- |
| 1 | $i$ 因素与 $j$ 因素相同重要 | $a_{ij}=1$，$a_{ji}=1$ |
| 3 | $i$ 因素比 $j$ 因素略重要 | $a_{ij}=3$，$a_{ji}=1/3$ |
| 5 | $i$ 因素比 $j$ 因素较重要 | $a_{ij}=5$，$a_{ji}=1/5$ |
| 7 | $i$ 因素比 $j$ 因素非常重要 | $a_{ij}=7$，$a_{ji}=1/7$ |
| 9 | $i$ 因素比 $j$ 因素绝对重要 | $a_{ij}=9$，$a_{ji}=1/9$ |
| 2，4，6，8 | 为以上判断之间的中间状态对应的标度值 | |
| 倒数 | $j$ 因素与 $i$ 因素比较 | $a_{ij}=1/a_{ji}$ |

在研究过程中，我们向某高校长期研究零售行业的 8 位专家和北京地区的 4 位零售企业高层经理发放了调查问卷，收回有效调查问卷 12 份。通过对 12 份调查问卷的分析整理，得出了各层次的判断矩阵。

## (二) 对判断矩阵的分析

1. 对判断矩阵 $A-B$ 的分析

**表 3－4　判断矩阵 $A-B$**

| $A$ | $B1$ | $B2$ | $B3$ | $B4$ | $B5$ |
| --- | --- | --- | --- | --- | --- |
| $B1$ | 1 | 1 | 4 | 4 | 6 |
| $B2$ | 1 | 1 | 4 | 4 | 5 |
| $B3$ | 1/4 | 1/4 | 1 | 2 | 2 |
| $B4$ | 1/4 | 1/4 | 1/2 | 1 | 2 |
| $B5$ | 1/6 | 1/5 | 1/2 | 1/2 | 1 |

判断矩阵 $A-B$ 如表 3－4 所示，采用方根法计算，得出权重与排序，并进行一致性检验，具体计算过程如下：

（1）求出判断矩阵 $A-B$ 每一行各元素的几何平均值

$\overline{w_i}=\sqrt[n]{a_{i1}\times a_{i2}\times\cdots\times a_{in}}$，$i=1，2，3\cdots，n$

$\overline{w_1}=2.4915$，$\overline{w_2}=2.4022$，$\overline{w_3}=0.7579$，$\overline{w_4}=0.5743$，$\overline{w_5}=0.3839$

$\overline{w}=(\overline{w_1}，\overline{w_2}，\overline{w_3}，\overline{w_4}，\overline{w_5})^T=(2.4915，2.4022，0.7579，0.5743，0.3839)^T$

（2）对特征向量 $\overline{w}$ 规范化

$$w_i=\frac{\overline{w_i}}{\sum_{i=1}^{5}\overline{w_i}}，\sum_{i=1}^{5}\overline{w_i}=2.4915+2.4022+0.7579+0.5743+0.3839=6.6098$$

$w_1=0.3769$，$w_2=0.3634$，$w_3=0.1147$，$w_4=0.0869$，$w_5=0.0581$

（3）求判断矩阵 $A-B$ 的最大特征值

$$\lambda_{max}=\frac{1}{n}\sum_{i=1}^{n}\frac{(AW)_i}{w_i}，AW=(1.8953，1.8372，0.5898，0.4456，0.2944)^T$$

$$\lambda_{max}=\frac{1}{5}\times\left(\frac{1.8953}{0.3769}+\frac{1.8372}{0.3634}+\frac{0.5898}{0.1147}+\frac{0.4456}{0.0869}+\frac{0.2944}{0.0581}\right)=5.0842$$

（4）一致性检验

$$n=5，RI=1.12，\lambda_{max}=5.0842，CI=\frac{\lambda_{max}-n}{n-1}=\frac{5.0842-5}{5-1}=0.02105$$

$$CR=\frac{CI}{RI}=\frac{0.02105}{1.12}=0.0188<0.1$$

所以判断矩阵 $A-B$ 符合一致性。

2. 对于判断矩阵 $B-C$ 的计算

依然采用上文的方根法进行计算，计算过程省略，计算得出的最后结果如表 3－5至表 3－9 所示。

**表 3－5　　判断矩阵 B1－C**

| B1 | C1 | C2 | C3 | C4 | W |
|---|---|---|---|---|---|
| C1 | 1 | 2 | 2 | 2 | 0.3976 |
| C2 | 1/2 | 1 | 1 | 2 | 0.2364 |
| C3 | 1/2 | 1 | 1 | 1 | 0.1988 |
| C4 | 1/2 | 1/2 | 1 | 1 | 0.1672 |

表 3-6 判断矩阵 *B*2—*C*

| *B*2 | *C*5 | *C*6 | *C*7 | *C*8 | *C*9 | *C*10 | *W* |
|---|---|---|---|---|---|---|---|
| *C*5 | 1 | 3 | 2 | 3 | 3 | 4 | 0.3476 |
| *C*6 | 1/3 | 1 | 1 | 1 | 5 | 2 | 0.1734 |
| *C*7 | 1/2 | 1 | 1 | 2 | 3 | 3 | 0.2047 |
| *C*8 | 1/3 | 1 | 1/2 | 1 | 2 | 2 | 0.1326 |
| *C*9 | 1/3 | 1/5 | 1/3 | 1/2 | 1 | 2 | 0.0752 |
| *C*10 | 1/4 | 1/2 | 1/3 | 1/2 | 1/2 | 1 | 0.0663 |

表 3-7 判断矩阵 *B*3—*C*

| *B*3 | *C*11 | *C*12 | *C*13 | *W* |
|---|---|---|---|---|
| *C*11 | 1 | 2 | 2 | 0.4934 |
| *C*12 | 1/2 | 1 | 2 | 0.3108 |
| *C*13 | 1/2 | 1/2 | 1 | 0.1958 |

表 3-8 判断矩阵 *B*4—*C*

| *B*4 | *C*14 | *C*15 | *C*16 | *C*17 | *W* |
|---|---|---|---|---|---|
| *C*14 | 1 | 1 | 2 | 1 | 0.2844 |
| *C*15 | 1 | 1 | 2 | 2 | 0.3382 |
| *C*16 | 1/2 | 1/2 | 1 | 1 | 0.1691 |
| *C*17 | 1 | 1/2 | 1 | 1 | 0.2082 |

表 3-9 判断矩阵 *B*5—*C*

| *B*5 | *C*18 | *C*19 | *C*20 | *W* |
|---|---|---|---|---|
| *C*18 | 1 | 2 | 3 | 0.5396 |
| *C*19 | 1/2 | 1 | 2 | 0.2969 |
| *C*20 | 1/3 | 1/2 | 1 | 0.1634 |

对判断矩阵 *B*—*C* 分别进行一致性检验，结果显示所有判断矩阵均符合一致性，检验结果如表 3-10 所示。

表 3-10　　一致性检验

| | B1—C | B2—C | B3—C | B4—C | B5—C |
|---|---|---|---|---|---|
| $\lambda_{max}$ | 4.0604 | 6.2833 | 3.0536 | 4.0612 | 3.0091 |
| CR | 0.0209 | 0.045 | 0.046 | 0.0226 | 0.0078 |

3. 综合结果

根据上文所得进一步计算出组合权重，整理得出我国零售企业社会责任指标体系最终权重表，如表 3-11 所示。

表 3-11　　我国零售企业社会责任指标体系权重

| 一级指标 | 权重 | CR 值 | 二级指标 | 权重 | CR 值 | 组合权重 | 排序 |
|---|---|---|---|---|---|---|---|
| 经济责任 B1 | 0.3769 | 0.0188 | 追求良好的经济效益 C1 | 0.3976 | 0.0209 | 0.1498 | 1 |
| | | | 保障供应商的利益 C2 | 0.2364 | | 0.089 | 3 |
| | | | 保障股东利益 C3 | 0.1988 | | 0.0749 | 4 |
| | | | 提升竞争力 C4 | 0.1672 | | 0.0630 | 6 |
| 法律责任 B2 | 0.3634 | | 提供合格产品和服务 C5 | 0.3476 | 0.045 | 0.1263 | 2 |
| | | | 为员工提供安全健康的工作环境 C6 | 0.1734 | | 0.0630 | 7 |
| | | | 依法纳税 C7 | 0.2047 | | 0.0744 | 5 |
| | | | 维护员工合法权益 C8 | 0.1326 | | 0.0482 | 9 |
| | | | 遵守公平竞争原则 C9 | 0.0752 | | 0.0273 | 14 |
| | | | 不从事腐败贿赂行为 C10 | 0.0663 | | 0.0241 | 15 |
| 环境责任 B3 | 0.1147 | | 降低能耗，节约资源 C11 | 0.4934 | 0.046 | 0.0566 | 8 |
| | | | 积极销售绿色产品 C12 | 0.3108 | | 0.0356 | 10 |
| | | | 促进绿色物流 C13 | 0.1958 | | 0.0224 | 16 |
| 文化伦理责任 B4 | 0.0869 | | 培育健康和谐的企业文化 C14 | 0.2844 | 0.0226 | 0.0294 | 12 |
| | | | 促进诚信商业文化建设 C15 | 0.3382 | | 0.0294 | 12 |
| | | | 消除各种形式的强迫劳动 C16 | 0.1691 | | 0.0147 | 19 |
| | | | 促进员工成长和发展 C17 | 0.2082 | | 0.0181 | 17 |
| 社会公益责任 B5 | 0.0581 | | 促进就业 C18 | 0.5396 | 0.0078 | 0.0314 | 11 |
| | | | 参与社会公益活动 C19 | 0.2969 | | 0.0173 | 18 |
| | | | 救助社会弱势群体 C20 | 0.1634 | | 0.0095 | 20 |

## 五、主要结论

（1）只有建立全面、系统的社会责任管理体系，才能使履行 CSR 成为全体员工的自觉行动。而建立企业社会责任管理体系的首要任务是构建企业社会责任体系，明确企业要承担哪些责任，以及这些责任之间的关系。在不同的社会文化背景下，在经济社会发展的不同阶段，企业应承担不同的社会责任。促进就业、推动自主创新、推动行业竞争规则和秩序的建立、推动诚信商业文化的塑造等是具有中国特色的企业社会责任。

（2）企业社会责任首先是股东责任，保证股东利益是企业承担各种社会责任的基础。虽然企业追求股东利益最大化并不能保证企业其他利益相关者的利益也能最大化，但是企业如果不追求股东利益最大化，其他利益相关者的利益无法得到保证。表 3－1 中将“保持良好经济效益”和“提供合格产品和服务”放在最前面，也是为了体现股东责任的首要性。企业要对股东利益负责，这要求企业必须对消费者负责，即企业必须向市场提供满足需要的、高质量的产品和服务，这样企业才能实现赢利。

（3）企业应根据自身业务特征，在正确识别企业发展与社会发展的利益交叉点的基础上，选择特定的企业社会责任并积极履行。企业社会责任分为基本、中级和高级三个层次。在这三个层次中，企业应首先承担基本社会责任，然后努力承担中级企业社会责任；当企业已经较好履行了基本企业社会责任和中级企业社会责任后，再去履行高级企业社会责任。企业没有履行好基本责任和中级责任而忙于高级责任的做法，不应得到提倡。

# 第四章　我国企业社会责任实现机制研究

目前，我国企业社会责任实践仍处于起步阶段，企业社会责任绩效普遍较低。要改变这种现状，必须探索建立符合我国国情和企业实际的企业社会责任管理模式和实现机制，形成对企业履行社会责任的硬约束，促使企业最大程度地履行其应有的责任。在政府、企业、社会之间形成合理关系的基础上，通过明确各自的角色定位并相互协作，确保我国企业社会责任的实现机制得以顺利建立和运行。企业社会责任实现机制包括了企业社会责任的激励机制、企业社会责任的外部约束机制、企业社会责任的需求机制、企业社会责任的信息披露机制、企业社会责任管理认证机制，以及公司内部治理机制。企业社会责任实现机制的构建需要由政府、企业和社会三方各司其职，相互作用方可完成。在目前阶段，政府应有效地利用法律、经济、行政等手段对企业社会责任进行引导、约束、管理，推动企业有效履行社会责任；企业应强化社会责任意识，将企业社会责任纳入企业战略和日常运营的统一框架中，加强自律，完善公司治理结构和组织结构，实施战略型企业社会责任，不断增强履行社会责任的能力，提高企业社会责任绩效水平。公民社会的发展有助于加强企业社会责任的外部压力，因而有助于刺激企业社会责任管理与发展，它的三个核心群体是非政府组织、新闻媒体和消费者，三者从不同的角度推动企业社会责任实现机制的达成。

目前，在政府、社会、国际组织等力量的推动下，我国多数企业经营管理者已经认识到履行企业社会责任对企业自身发展和整个社会发展的重要性，部分企业开始积极履行社会责任；但从整体情况看，我国企业社会责任实践仍处于初级阶段，企业社会责任绩效仍处于较低水平，制售假冒伪劣、偷税漏税、传递虚假信息、污染环境、强迫劳动、滥用垄断权力等企业社会责任缺失的问题仍较为严重，并严重影响到了社会主义和谐社会的建设。要改变这种现状，不仅需要企业自身的努力，还需要政府、社会、消费者等主体共同参与、相互促进，建立一套符合我国国情和企业实际的企业社会责任实现机制，引导、推动企业有效履行社会责任，加强企业社会责任管理，提高企业社会责任绩效。

## 一、我国企业社会责任实现机制的参与主体

企业经营行为以及企业社会责任行为均是在一定的社会环境下进行的，企业与社会之间存在相互依存的关系。由于经济社会发展的状况在一定程度上是客观存在的，因此，社会环境的改善需要着力从利益相关者与企业之间的关系入手。由于政府具有社会公共利益的维护人和公共事务的管理者的双重身份，而企业承担社会责任的根本目的在于协调企业与社会的关系，促进社会和谐发展，因此，从各种关系看，可以将企业社会责任实现机制的参与主体界定为政府、企业和社会三方，如图4－1所示。其中，社会又包括了非政府组织、员工、商业伙伴、媒体、社区等除政府之外的其他利益相关者。政府是企业社会责任的管理主体，企业是企业社会责任的承担主体，社会则是企业社会责任的推动主体。

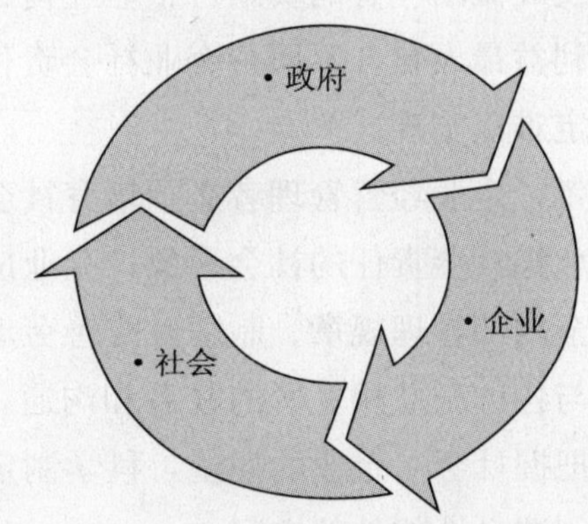


**图4－1 我国企业社会责任实现机制的参与主体**

### （一）政府与企业社会责任

企业是企业社会责任的承担主体，而政府是企业社会责任的管理主体。在政府、企业与社会三者之间建立合理的关系是构建中国企业社会责任实现机制的关键。在政府、企业、社会之间形成合理关系的基础上，通过明确各自的角色定位并相互协作，确保中国的企业社会责任实现机制得以顺利建立和运行。

从政府经济学的视角来看，政府与企业是现代社会的两大活跃因素，两者以多

种方式相互作用，并对经济行为、经济绩效和居民生活都产生重大影响。例如，廉洁、公平、高效的政府是提高企业效率的关键因素，严厉的法律法规则是保护企业知识产权以及促进企业创新的关键因素，而政府所颁布政策又是企业做出经营与管理决策的重要影响因素。

在企业社会责任的实现问题上，政府如何监管企业直接关系到政企关系的合理性和有效性。作为企业社会责任的管制者，政府的管制作用主要体现在两个方面：引导和管制。政府颁布的政策法规既可以形成企业履行社会责任的压力，又可以引导企业社会责任管理决策和行为。因此，政府对企业的作用既有宏观调控也有直接管制。

## （二）企业与企业社会责任

作为一定社会资源的拥有者和经营者，企业必须承担一定的社会责任，为整个社会的和谐发展、可持续发展做出应有的贡献。企业经营目标不仅仅是股东利益最大化，更应是利益相关者利益最大化。不履行企业社会责任，企业将失去生存的根本条件，企业长远发展注定难以实现。

作为社会责任的履行者，企业经营管理者必须培育社会责任意识，强化企业自律精神和行为，塑造主动承担社会责任的社会形象；企业应通过创新组织文化，完善公司治理结构，建立健全内部管理规章、制度，改善劳动关系，提升履行企业社会责任能力；企业应加强与各种利益相关者的联系和沟通，全面、及时、准确发布企业社会责任信息，准确把握社会对企业的期望，科学制定企业社会责任管理目标和实施方案，为企业发展创造良性的外部空间。

## （三）社会与企业社会责任

成功的企业需要健康的社会环境。例如，教育、医疗事业和公平的机会对于生产场所是至关重要的；安全的产品和工作条件不但能够留住顾客，更能降低内部事故的发生率。任何试图损害社会的企业最终都会发现它们获得的只是一时的利益。同时，和谐健康的社会同样需要成功的企业，缺乏有竞争力的企业去创造就业机会、进行创新和提供产品或服务，国家和地区竞争力就会衰退，社会就会出现问题，发展也会停滞。

作为企业社会责任的监督者和推动者，社会的监督和推动手段主要是通过非政府组织、新闻媒体等配合政府的引导和管制，对企业履行社会责任的状况进行必要的监督和推动。如典型的监督和推动手段是尝试设立专门负责企业社会责任管理的非政府组织，或是介于政府和企业之间的第三方认证的社会中介性评价和审核机构，定期向利益相关者提供企业相关的业绩证明报告或评价结果。

## 二、我国企业社会责任实现机制的建立目标与原则

### （一）我国企业社会责任实现机制的建立目标——两个平衡

1. 宏观层面：经济增长与社会发展的平衡

政府、企业与社会在企业的社会责任方面共同关注的核心问题是经济增长与社会发展的关系问题。2006 年政府经济工作会议把“又快又好”调整为“又好又快”，而党的十七大报告也提出促进国民经济又好又快发展。转变经济发展方式，对我国的发展是有针对性的，就是不能把发展的动力放在增加投资、消耗资源、多占耕地等上面。这种重要调整强调的是在重视增长速度的同时，应更注重发展的质量和效益，走生产发展、生活富裕、生态良好的科学、文明发展道路，避免片面追求经济目标而忽视社会发展。因此，我国企业社会责任实现机制也应当以追求经济、社会和环境的协调发展为最终目标。

2. 微观层面：企业社会责任与企业赢利目标的平衡

张维迎曾分析过企业社会责任的两个困境。一个是合理与合法的困境，即合理并不总是合法的；另一个是企业赢利与社会福利的困境，即企业赢利并不总是提高社会福利。他认为，当存在合理且合法、企业赢利且提高社会福利的情形时，企业社会责任就会由市场这只看不见的手实现。因此，企业社会责任实现机制就是要通过制度和机构的设置，及相关主体之间的相互制衡，将企业经济行为和整个市场规范在合理且合法、企业赢利且提高社会福利的范围内，尽一切可能根除合理但不合法、不合理但合法、企业赢利但损害社会福利、企业亏损但社会福利增加等情形。这样的环境才最适宜企业社会责任的落实和发展。企业社会责任实现机制的提出是为了实现企业在社会责任和经济利益上的动态平衡，即在企业、政府及社会相互作用的关系中，每一方都同时达到了约束条件下可能实现的利益最大化目标，因而这种状态可以长期持续存在。企业通过经营活动获得利润，从而有能力更好地履行社会责任，尤其是更高级别的道德责任；而企业担负起社会责任、回馈社会的同时，

也逐渐提高自身的声誉和品牌影响力，得到政府和社会的认可，这又反过来促进其经济效益的提高。

### (二) 我国企业社会责任实现机制的建立原则——两个符合

1. 符合我国国情和企业实际

加强企业社会责任管理，特别是构建企业社会责任体系必须立足于中国的基本国情。从整个社会层面来看，任何社会责任问题的解决总是要消耗一定的社会资源，这些资源要么由企业、政府或第三方组织分别承担，要么由他们共同承担。中国作为一个拥有13亿多人口的发展中大国，人口多、底子薄、就业压力大，每年中国新增的劳动力就超过了2000万人。在这种地域广阔、城乡和地区发展不平衡的情况下增强企业社会责任不可能一蹴而就，必须立足于我国的基本国情，正确树立符合我国当前实际的企业社会责任观，深刻认识时代对企业社会责任的要求，准确把握现阶段政府、企业和社会能做到哪些，以及公众最关注哪些，应该提倡哪些。在此基础上，构建具有中国特色的企业社会责任体系，促进整个社会资源配置效率的提高。

2. 符合市场经济的要求

在市场经济条件下，宏观调控已从过去的直接计划管理和行政干预转变为间接调节，政府原则上不能直接介入企业的微观商事活动。国家的调控和干预体现在企业社会责任方面，首先应充分尊重企业的自主权，使其成为真正的市场主体，这是保证企业效率和竞争力的重要条件。另一方面，在我国企业社会责任实现机制中，国家通过宏观调控引导企业承担社会责任，绝不是要回到“企业办社会”的老路上去。

## 三、我国企业社会责任实现机制的内容体系

企业社会责任作为时代发展和社会进步的产物，体现的不仅是企业主体的态度和行为方式，更是政府和社会主体的态度和行为表达。根据目前我国社会环境的特点，结合西方国家企业社会责任运动的经验和教训，我们将企业社会责任实现机制归纳为企业社会责任的激励约束机制、企业社会责任的需求机制、企业社会责任信息披露机制、企业社会责任管理认证机制，以及公司内部治理机制。各内容之间的

逻辑关系如图 4－2 所示，政府、企业、社会多元参与主体通过互动作用形成上述六大机制，从而对企业社会责任的实现产生外部和内部的驱动力。

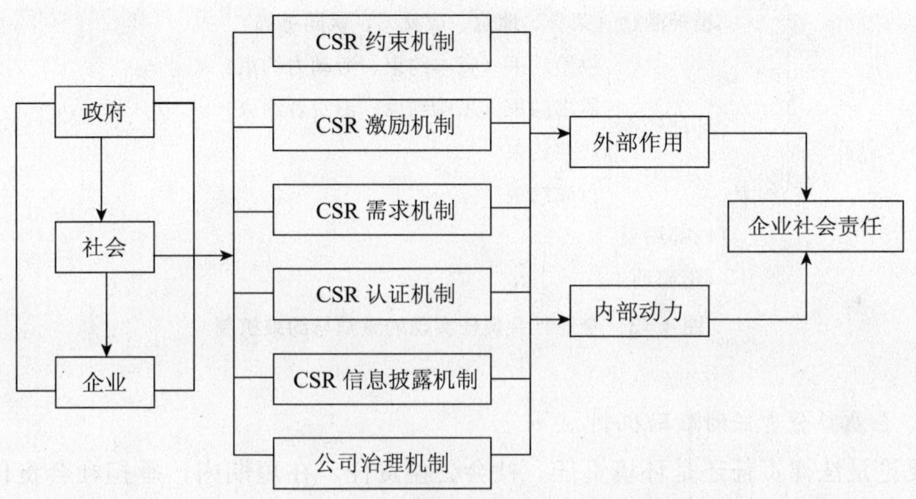


**图 4－2 我国企业社会责任实现机制的内容体系**

## （一）企业社会责任的激励约束机制

正式制度的缺失，特别是激励和约束机制的不健全，是导致当前我国出现企业社会责任缺失现象的根本原因。目前的市场价格机制未能真正反映资源的稀缺程度和生产的环境成本；投资者和消费者在投票选择当中未能充分考虑企业社会责任表现；相关法律法规不够完善；财政政策、货币政策对不同行业的杠杆调节作用不够充分。因此，要推动我国企业履行社会责任，关键是要尽快完善企业社会责任实现的激励机制和约束机制，使企业自觉增强社会责任感，积极主动承担社会责任。

激励机制是在组织系统中，激励主体系统运用多种激励手段、措施并使之规范化和相对固定化，从而与激励客体相互作用、相互制约的结构、方式、关系及演变规律的总和。约束机制是根据业绩及对约束客体各种行为的监察结果，约束主体对约束客体做出适时、公正的奖惩决定，包含对权力的约束，建立较完善的监督机制，对渎职者采取惩罚措施。仅有约束而无激励，企业缺乏履行社会责任的利己动力；仅有激励而无约束，则企业可能因利己而盲目行动，因而两者缺一不可。机制设计理论将前者称为参与约束，后者称为激励相容约束。只有同时满足参与约束和激励相容约束这两个条件，才能构成有助于解决企业社会责任实现问题的机制设计，图 4-3 为企业社会责任实现的激励与约束机制。

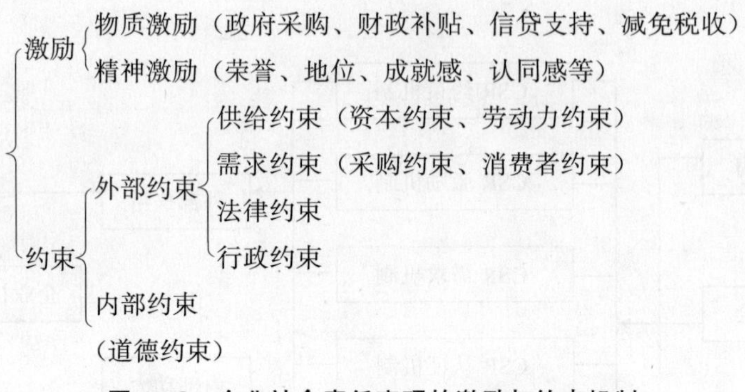


**图 4-3　企业社会责任实现的激励与约束机制**

1. 企业社会责任的激励机制

无论是法律责任还是环境责任、社会公益责任，在短期内，承担社会责任给企业带来的影响更为突出的是成本的增加。让企业自觉承担社会责任的一个较好的方法就是让企业先体会到此举的好处。因此，需要完善激励机制为企业社会责任的实现提供强大的引导力。如果企业在节约资源、保护环境等方面能够得到正激励，那么每种正激励对一个追求持续性发展的企业来说都是极大的鼓舞。

（1）物质激励

物质激励主要由政府按照市场经济规律的要求，运用价格、税收、财政、信贷、收费、保险等经济手段，通过政府采购、财政补贴、税费优惠，甚至直接资助的办法鼓励企业主动承担社会责任。

政府采购。在尊重市场经济规律，遵行公开、公平、公正竞争的前提下，将政府工程招标、政府采购订单落实到遵纪守法、责任感强的好企业手中。

财政补贴。包括对“退出”行为的补贴和“进入”行为的补贴。例如，政府对退出高污染、高能耗的企业给予财政奖励或对进行节能技术改造并取得节能效果的企业给予资金奖励。

税费优惠。完善《企业所得税法》，对企业增进社会道德水准、进行社会捐赠或其他福利行为方面的非营利性投资从企业所得税中减免；对开发、使用环境资源的纳税单位和个人，按其对环境资源的保护的程度进行征税，对于环境友好行为实行税收优惠政策；推行“绿色贷款”，对环境友好型企业或机构提供贷款扶持并实施优惠利率。

此外，还可引入当前国际上比较流行的公私合作（Public Private Partnerships,

PPP）模式。例如，中德政府企业社会责任合作项目设立的公私合作基金，就是以非现金方式支持优秀的企业承担社会责任。

（2）精神激励

精神激励包括荣誉、地位、成就感、认同感等方面的激励。精神激励有助于提升企业的社会声誉，为企业带来更多的顾客、更好的员工、更多的合作伙伴，更融洽的社区关系等。例如，设立企业社会责任标兵或者类似奖项，鼓励企业适当从事社会公益活动。

2. 企业社会责任的外部约束机制

约束企业行为的各种条件及其对企业行为的约束作用，构成企业行为的约束机制。企业社会责任的约束机制可分为企业外部约束机制和企业内部约束机制。企业内部约束主要与公司治理有关，鉴于其重要性，置后单独讨论，在此仅讨论外部约束机制。企业社会责任的外部约束机制可分为市场约束、法律约束和行政约束。

（1）市场约束

市场约束包括供给约束和需求约束。供求约束主要来自投资者和企业员工。企业要正常生产经营必须在市场上获得足够资本，聘用具有各种专长的工人和专业技术人员、管理人员等，任何一种生产要素供应的短缺或垄断，都会影响企业的经营决策，约束企业行为。投资方面，社会责任投资的实施可有力地推动公司履行其社会责任。社会责任投资是指外部投资者根据企业社会责任绩效及企业披露的社会责任信息而做出的投资活动，是一种将融资目的和社会、环境以及伦理问题相统一的融资模式。在英美等发达国家，社会责任投资已经取得了长足发展，并出现了一些适合现代公司治理制度和现代金融市场的社会责任投资工具，如证券交易所开发的企业社会责任指数。员工方面，企业吸引力、社会声望与企业管理、社会责任表现等显著正相关，因此，企业社会责任表现好的企业对求职者的组织吸引力更大，在求职者心目中的声望较高。

需求约束主要来自企业的商业伙伴和最终消费者。商业伙伴对企业社会责任的推动作用主要通过供应链体现，即采购方要求供应方改善生产环境，维护员工权益，提供符合生产守则的产品。消费者的购买决定则直接影响到企业的财务绩效，若市场对不积极承担社会责任的企业产品采取抵制措施，会使企业充分认识到不承担社会责任的严重后果。负责任的企业需要负责任的消费者。

（2）法律约束

法律约束包括立法方面的约束和司法方面的约束。立法是国家依据一定职权和程序，制定、认可和变动这种特定社会规范的活动。通过立法，一方面引导企业自觉承担利益相关者责任以增加企业利益相关者责任的自觉供给，如税法规定一定限额内的捐赠可以抵税，这样企业慈善捐赠比股东捐赠更有效率；另一方面强制企业承担利益驱动不足的利益相关者责任，如劳动法关于企业对职工责任的强制、消费者权益保护法关于企业对消费者责任的规定、环境保护法关于企业对公共利益的要求等，都是社会责任的强制供给形式。司法监督是制裁违法和维护权益的最终途径，可通过司法裁决给企业社会责任的实现创造一个公正高效的司法环境。从司法方面看，要加强法律法规的实施工作，使执法程序明确具体；创造健全的法律环境，充分发挥法律的利导性；做到有法可依、有法必依、执法必严、违法必究，使企业通过服从法律规范来承担企业社会责任。

（3）行政约束

行政约束是指政府通过引导、监督的方式形成企业承担社会责任的重要外部约束机制，协调企业利益与社会利益，以间接调控为主的手段，纠正和惩处逃避社会责任的行为，并保证部分由市场和法律约束的社会责任的履行。企业社会责任不同于计划经济时期国有企业“企业办社会”的概念——将企业看成一个行政单位，要求其对每一个员工承担本该由社会承担的福利功能，如企业办学校、办医院、办社区等。因此，行政约束不是以行政命令手段不加分辨地把社会责任强加到企业头上。

## （二）企业社会责任需求机制

企业社会责任需求机制是指，通过增强企业利益相关者的企业社会责任意识和行为，提高对企业社会责任的社会性需求，增加利益相关者对企业的压力，促进利益相关者与企业的对话交流和互动合作，以带动企业对社会责任的有效供给。需求意识和需求行为是需求机制的两个基本构成要素，完善需求机制需要强化这两个方面。

当一种行为不需要支付成本或者成本很低时，对行为的管理就容易被忽略。于是，企业社会责任有效需求不足就成了企业内部社会责任管理缺位的“正当理由”。没有企业社会责任需求的推动，缺少对企业社会责任有着相当理解和需求的社会群体，就容易出现企业对社会责任供给不足的问题。利益相关者的压力、对话、互动合作对企业的影响是巨大的，企业回应利益相关者需求的过程，实际上也是逐步履行企业社会责任的过程。近几年，虽然随着国内企业社会责任实践的发展，公众对企业社会责任的需求有所提高，但是总体上有效需求水平仍偏低。因此，要完善企业社会责任需求机制，必须提高政府主体和社会主体对企业承担社会责任的需求意识，从而促进企业社会责任管理意识和实际管理水平的提高。

## （三）企业社会责任信息披露机制

西方国家对于企业社会责任披露机制的研究和实践由来已久。20 世纪 30 年代产生的强制信息披露（Mandatory Disclosure of Information）主张以政府干预的力量对上市公司的信息披露进行规范。在这种模式下，上市公司要按照有关规定的内容和格式进行披露，并承担相应的法律责任。自愿性信息披露（Voluntary Disclosure of Information）是相对强制性信息披露而言的，是指在强制性披露的规则要求之外，公司管理层自主提供的关于公司财务和公司发展的其他方面相关信息，用以弥补强制性披露模式下信息量不足的缺点，促进上市公司信息披露向完善和真实的方向发展，并且在世界各国都逐步得到重视和认可。

目前，我国企业主要采取的是自愿性披露的方式。有一些企业正通过媒体以发布社会责任报告的形式向社会公布公司履行社会责任的状况，但披露内容还更多体现在企业社会责任的理念方面，披露内容的深度、广度相对于西方发达国家来说还有较大差距。在鼓励上市公司作自愿性的信息披露的同时，我国应制定会计制度要求企业强制披露企业社会责任信息，规定企业社会责任披露最低信息要求，并鼓励社会责任意识强的企业做更多的自愿性披露。强制性社会责任披露制度可以首先在上市公司和出口企业中实施，然后在全国所有企业推广使用，推动全部企业全面履行社会责任。

## （四）企业社会责任评价和认证机制

企业社会责任评价和认证机制的功能在于通过对企业社会责任管理和履行情况进行审验、评价并将有关结果向社会公布或提供给特定需要者，以达到辅助决策、监督企业行为等目的。该机制的建立需要解决好两方面的问题：一是谁作为评价主体；二是制定什么样的企业社会责任评价标准体系。

1. 企业社会责任评价主体

企业社会责任的评价主体可以是政府、消费者（第二方）、商业伙伴（第二方）、非政府组织（第三方）和企业自身等。企业自我评价是不可或缺的，通过加强内部审计、评价，有利于企业及时发现问题、解决问题并加强自律。从一定意义上讲，完善企业社会责任信息披露机制有助于加强企业自我评价。但仅有企业自我评价是不够的，企业出于利己的考虑，往往不愿意及时、全面公布评价结果。建立由外部的其他主体主导的企业社会责任评价机制，不仅能够为利益相关者的投资决策（或购买决策、行政决策）提供客观、公正的决策依据，而且能够直接提供企业履行社会责任的动力和压力。目前，在西方国家存在的主要是由非政府组织主导的评价机制，即第三方评价。该种评价机制具有较强的客观性、公正性。在非政府组织不成熟及消费者责任意识普遍缺乏的情况下，政府凭借其公信力也可以充当评价主体。

2. 企业社会责任评价标准

目前，国际上出现的社会责任标准主要出自非政府组织，有社会责任国际（SAI)、公平劳工协会（FLA)、服装厂行为标准组织（WRAPP)、道德贸易倡议组织（ETI）和工人权利联合会（WRC）等，这些组织都先后制定了各自的社会责任标准。其中，社会责任国际（SAI）2001 年版的 SA8000 和 AccountAbility 制定的 AA1000 审验标准影响较大。这些认证标准都是以发达国家的立场、眼光和实际制定的，与我国现状有很大差距，对发展中国家来说，这些标准常常是难以达到的。这就要求我国政府尽快制定适合中国国情的社会责任标准。

对任何一个企业的评价都应从经济、法律、社会和环境四个方面入手，经济指标、法律指标仅仅被认为是企业最基本的评价指标，而关于企业社会责任的评价有多种多样，如道琼斯可持续发展指数、多米尼道德指数、《商业道德》、《财富》等都将企业社会责任纳入评价体系。我国也应该根据自己的国情，建立类似 SA 8000 的认证标准或企业社会责任评价标准体系，把遵守法律、保护环境、促进社会事业发展、社会进步等方面的内容不仅纳入到对企业的评价体系中，同时也纳入到对地方政府的业绩考察当中去，加重环境指标、社会指标的权重。

## （五）公司内部治理机制①

公司治理和企业社会责任之间是一种相互依存、相互促进的关系，完善的公司内部治理机制是企业认真、有效履行社会责任的制度保证，而企业积极承担社会责任的主要表现之一是推动公司法人治理结构的完善和良性发展。健全企业社会责任

① 除了公司内部治理机制外，企业社会责任的内部约束机制还包括道德约束。道德约束主要是指实行企业道德的内部制度化，在企业内部组织和行为中，导入正确的道德判断基准，作为规范员工行为的管理制度，使之形成良好的道德行为规范。为此，一要加强对企业家个人操守的约束，培养具有社会责任感的企业家精神。二是增强企业全员的社会责任意识，使全员参与到企业社会责任行动中来。

的内部治理机制，主要依靠“老三会”，即党委会、工会、职代会，和“新三会”，即股东会、董事会、监事会。首先，允许企业利害关系人参与企业的经营与管理，在这种共同治理的模式下，董事会领导下的经理人员的受托责任不再是单纯维护股东价值，而是维护企业所有资产的价值。其次，在董事会层面设专门委员会负责企业社会责任事项，或在董事会职能中明确董事会要承担企业社会责任，在操作上授权给公司的管理层负责相关事项。最后，增设一些外部独立董事和职工董事。职工董事要履行反映职工合理诉求、代表和维护职工合法权益的职责。

股东和员工是与公司关系最密切的利益相关者，公司的运营不能仅仅考虑股东的利益和要求，还必须恰当地考虑职工的利益和要求。在欧洲，公司的社会责任主要是通过职工参与公司决策机制来实现的。例如，在德国、荷兰、瑞典等国家的公司制度中，各有一套独具特色的职工参与公司治理的制度。在我国，职工参与公司治理制度在《公司法》中是有所体现的。例如，《公司法》第 52 条第 2 款与第 124 条第 2 款均规定：“监事会由股东代表和适当比例的公司职工代表组成，具体比例由公司章程规定，监事会中的职工代表由公司职工民主选举产生。”第 45 条第 2 款：“两个以上的国有企业或者其他两个以上的国有投资主体投资设立的有限责任公司，其董事会成员应当有公司职工代表，董事会中的职工代表由公司职工民主选举产生。”

虽然我国《公司法》中对职工参与公司决策机制做出了规定，但却存在几个明显的缺陷，不利于公司对职工实现其社会责任。

第一，“职工监事的具体比例”规定存在漏洞。我国《公司法》中规定职工监事的具体比例由公司章程规定，而公司章程是由股东们制定的，在股东与职工利益存在冲突的条件下，股东当然要尽量压低这一比例，基本上公司监事会中只有一名职工代表。而这样一来，通过职工监事的作用来维护职工利益的愿望就很难得到实现。

第二，职工通过参与监事会来维护自身利益在中国现行的公司治理结构下意义不大。欧洲国家的双层治理结构中的监事会一般是低于股东大会而高于董事会的公司机关。而中国公司的监事会是一个与董事会平起平坐的机关，其职权仅限于消极地监督。因而，在这种治理结构中，我国的职工监事制度远不如欧洲国家的职工监事制度那样有利于维护职工的利益。

第三，我国《公司法》中仅规定国有独资公司及两个以上的国有企业或者其他两个以上的国有投资主体投资设立的有限责任公司，可以有职工董事，而对于其他类型的有限责任公司及股份有限公司则未规定职工董事制度。

因此，为了增强企业社会责任感，需要大力推进职工参与制度。职工参与公司治理，既是人的经济价值的提高，也是缓和劳资冲突以提高公司组织效率的需要。

职工是企业的重大利害关系人，他们对公司有长期的人力投入，并承担了相应的风险，应该有自己的代表参与公司的决策。为了充分发挥职工的主人翁意识，更应当创造条件让职工参与公司法人治理：一是要发挥好职代会及工会在公司中的作用。二是应大力推行董事会、监事会的职工代表制。职工董事、职工监事是职工委派自己的代表，通过股东大会进入公司领导机构，是职工参与企业管理和监督的重要形式，也是职工维护和保护自身合法权益的体现。①

## 四、推动我国企业社会责任实现机制构建的措施

在政府、企业与社会的关系中，企业社会责任的定位是能够有效维护和增进社会公共利益的润滑剂和媒介物，通过承担相应的公共职责来协调政府、企业与社会之间的关系。而企业社会责任实现机制的构建需要由政府、企业和社会三方各司其职，相互作用方可完成。在企业的外部环境中，政府扮演着极其重要而又特殊的角色，政府是从宏观的角度以引导者和管制者的身份出现，起到自上而下的推动作用；企业从微观的角度通过履行社会责任，承担自下而上的推动作用；而社会则扮演政府和企业之间中介平台的角色，分别向政府和企业传达彼此的意志，把政府、企业与社会之间的多元关系有机地贯穿起来，社会同时是企业社会责任的实施目标和受益者。图 4－4 为我国企业社会责任实现机制的构建。

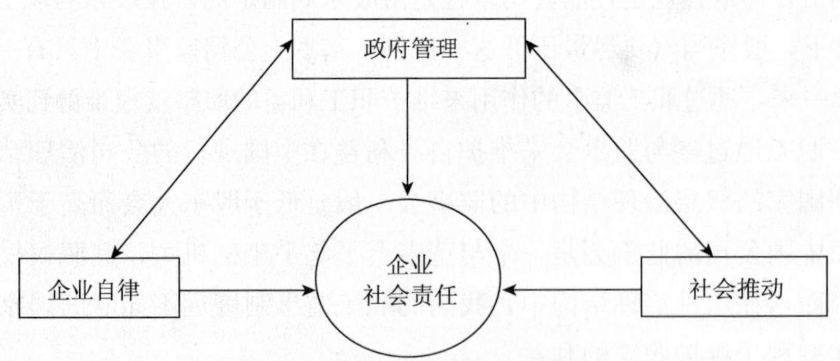


**图 4－4　我国企业社会责任实现机制的构建**

① 2006 年 3 月，国务院国有资产监督管理委员会发布《国有独资公司董事会试点企业职工董事管理办法（试行）》；2009 年 3 月 30 日，国有资产监督管理委员会又发布了《董事会试点中央企业职工董事履行职责管理办法》。以上两文件对试点企业职工董事的产生、职工董事应履行的特殊职责、履行职责的工作条件、职工董事履职管理等做出了规定。但目前有关规定只适用于国务院国有资产监督管理委员会履行出资人职责的董事会试点中央企业。

## （一）政府管理

在西方发达国家，企业社会责任并不完全是靠企业家自身的觉悟形成的，而是靠市民社会的基础和各种社会运动的推动发展起来的。但是在中国，目前缺乏推进企业社会责任的社会基础和各种社会力量，既缺少公民社会的基础，又缺乏社会运动的推动。在这样的条件下，政府对企业社会责任的推动就显得更为重要。政府应发挥主导作用，转变职能，为企业履行社会责任创造良好的社会环境和政策环境。

1. 法律手段

（1）立法

立法是国家依据一定职权和程序，制定、认可和变动法律这种特定社会规范的活动。政府制定的法律直接影响着企业社会责任，一方面通过立法引导企业自觉承担利益相关者责任以增加企业利益相关者责任的自觉供给。如税法规定一定限额内的捐赠可以抵税，这样，企业慈善捐赠比股东捐赠更有效率。另一方面通过立法强制企业承担利益驱动不足的利益相关者责任。如劳动法关于企业对职工责任的强制、消费者权益保护法关于企业对消费者责任的规定、环境保护法关于企业对社会公众责任的要求等，都是利益相关者责任的强制供给形式。对于企业利益相关者责任的需求，法律的作用也是双方面的：一方面，相关法规中的责任条款可以使企业利益相关者的损失得到补偿；另一方面，法律对弱势利益相关者的救济可以增强利益相关者的谈判力，并强化其对企业利益相关者责任的需求。

国家通过立法规定公司社会责任，为公司承担社会责任提供依据，为行政机关公正执法确立准绳，当然也为违法行为预置了国家强制力。近年来，我国出台了多部有关企业社会责任的法律，如《公司法》《职业病防治法》《劳动法》《工会法》《安全生产法》《环境保护法》等，都对企业社会责任的具体事项做了详尽的规定。

然而，与社会责任的要求相比，我国的法律体系仍需要进一步完善。从立法方面推进企业社会责任法制化、规范化，必须依靠多个法律部门共同确认，整合法律资源，梳理目前与中国企业社会责任相关的法律，为企业社会责任实现机制的构建搭建一个平台。需要分析哪些条文有利于推进企业社会责任，哪些条文需要改进，如关于董事义务的界定，我国《公司法》采用了传统立法态度，“董事、监事、经理应当遵守企业章程，忠实履行职务，维护企业利益”，即仅仅将董事看作股东的代理人，仅对企业利益、股东利益负责。为了强化企业社会责任，在今后立法中应强调，企业除了营利之外，还必须承担社会责任；企业董事也不仅仅是股东的代理人，而且是非股东利益相关者的代理人或受托人；明确规定公司董事会应增设职工董事，并规定其所占比例、职责和履责管理办法。需要我国政府继续抓紧修订已不完全适应现实需要的自然资源法律法规和环境保护法律法规。制定空缺的法律法规，加强综合性环境与资源法律法规的制定和研究，扩大环境与资源保护法的调整范围，加大其调整力度。

（2）司法

司法监督是制裁违法和维护权益的最终途径，通过司法裁判给企业社会责任的实现创造一个公正、高效的司法环境。好的法律要得到严格的执行才会产生足够的震慑力，否则便会成为一纸空文。目前，政府面临的一个重大挑战是执法不严，一些法律的执行效果不能令人满意。原因是多方面的，有执法队伍的问题，也有法律本身的问题，也有制度设计的问题。但不论什么原因，政府都需要加大执法力度，迫使企业不得不履行某些责任。

从司法方面要加强法律法规的实施工作，使执法程序明确具体。创造比较健全的法律环境，充分发挥法律的利导性，做到有法可依、有法必依、执法必严、违法必究，使企业通过服从法律规范来承担企业社会责任。集团诉讼为企业社会责任的实现提供了一种新的思路和模式。所谓集团诉讼，又称集体诉讼，即当事人一方为一个庞大集团的诉讼。为了保护处于相同情况下的一大批受害人的合法权益，便于众多当事人进行诉讼，便于法院审理这类案件，民事诉讼法规定了代表人诉讼制度，集团诉讼是代表人诉讼的重要形式。在中国，近几年来，企业与社会公众在证券投资、产品责任、环境污染、消费者权益、公平竞争、劳工权益等方面的群体性纠纷不断发生，有相当部分案例所涉的权利主体规模较大、分布比较分散且力量单薄，通过集团诉讼的方式解决此类问题有较强的针对性，能够更为有效地促成企业社会责任的实现。除了集团诉讼之外，为强化企业社会责任的司法监督，还应该设置公益诉讼程序。公益诉讼是指特定的国家机关和相关的组织和个人，根据法律的授权，对违反法律法规，侵犯国家利益、社会利益或特定他人利益的行为，向法院起诉，由法院依法追究法律责任的活动。企业社会责任的指向有很大一部分不是针对某个具体对象，而是针对社会公共利益，处于无保护状态下的公共利益比私人利益更容易受到侵害，因此，进一步完善公益诉讼程序，超越诉讼主体必须存在直接利益相关者的限制，可把那些制造社会危害又未受到追究的企业置于恢恢法网之下。

2. 经济手段

不少企业对社会责任望而生畏，这是因为它们片面地理解了社会责任的内涵，认为那纯粹是一种成本的投入，而不会带来任何回报。事实上，节能环保、提高员工素质、改善企业形象都可以为企业带来潜在或可见的经济回报。让企业自觉承担社会责任的一个较好的方法之一就是让企业先体会到社会责任的好处。政府可以按照市场经济规律的要求，运用价格、税收、财政、信贷、收费、保险等经济手段，影响市场的主体行为，通过财政补贴、税费优惠，甚至直接资助的办法鼓励企业走出第一步。

经济手段具体包括以下几个方面：一是绿色税收。要对开发、保护、使用环境资源的纳税单位和个人，按其对环境资源的开发利用、污染、破坏和保护的程度进行征收或减免，对于环境友好行为实行税收优惠政策，对环境不友好行为，建立以污染排放量为依据的直接污染税，以间接污染为依据的产品环境税。二是环境收费。提高排污收费水平，在资源价格改革中充分考虑环境保护因素，以价格和收费手段推动节能减排。三是绿色资本市场。在间接融资渠道，推行“绿色贷款”，对环境友好型企业或机构提供贷款扶持并实施优惠利率，对污染企业的新建项目投资和流动资金进行贷款额度限制并实施惩罚性高利率；在直接融资渠道上，研究一套针对企业社会责任表现的投资制度，包括资本市场初始准入限制、后续资金限制和惩罚性退市等内容的审核监管制度。四是生态补偿。这项政策不仅是环境与经济的需要，更是政治与战略的需要。要完善发达地区对不发达地区、城市对乡村、富裕人群对贫困人群、下游对上游、受益方对受损方、高污染高能耗产业对环保产业进行以财政转移支付手段为主的生态补偿政策。五是排污权交易。利用市场力量实现环境保护目标和优化环境容量资源配置，降低污染控制的总成本，调动污染者治污的积极性。六是绿色贸易。针对发达国家越来越多的绿色贸易壁垒，改变单纯追求数量增长，而忽视资源约束和环境容量的发展模式，平衡好进出口贸易与国内外环保的利益关系。七是绿色保险。其中环境污染责任保险最具代表性，一方面由保险公司对污染突发事故受害者进行赔偿，减轻政府与企业的压力；一方面增强了市场机制对企业排污的监督力量。

3. 行政手段

（1）全面转变政绩观。要推动企业社会责任的实现，政府部门首先要转变传统的政绩观，从以经济论实力转向综合权衡经济、社会和环境和发展质量。这一转变之所以重要是因为如果不转变这个观念，我们的政府就不会动真格花大力去监管或关停污染企业，不会为了一个社区搬迁一个企业。所以转变政绩观、实施新的政绩评估体系将会对企业社会责任的发展有非常巨大的促进作用。

（2）直接介入企业社会责任。政府直接介入 CSR，倡导企业实施企业社会责任，可从以下几个方面入手：一是由政府相关部门会同国际国内各种非政府组织和媒体，发起或参与一些CSR相关的活动以及培训，表明政府对CSR积极推进的立场；二是倡导企业积极应对跨国公司的CSR标准要求，要求国内企业转变经济增长方式，关注可持续发展、和谐社会及环境问题，通过实施企业社会责任提高中国产品的国际竞争力；三是加强与有关国家和相关组织的合作，共同推动中国的CSR事业，妥善解决世界产业链中中国CSR成本的合理分担问题，要求跨国公司应当考虑与中国供应商共同承担社会责任成本，而不能一方面要求中国中小企业改善劳动条件，一方面却在采购合同上一味压低价格。

（3）间接引导非政府组织等社会力量。非政府组织等其他社会主体作为与政府和企业并存的第三方，具有主体广泛，行为相对独立、公正、灵活等特点，而且是企业行为的直接受用者，所以它们更加关注企业社会责任问题。在我国，这些主体尚未形成独立制约力量，所以，政府应当促进其存在的多样化、合法化、职业化程度，将其权力提升到法律层面，确保其监督、制约的力度，从而淡化政府代言公众的功能，也可以弥补政府因与利益集团形成利益同盟而忽视公众利益的缺陷。

## （二）企业自律

企业社会责任的实践主体毕竟还是企业，企业自身的组织保障和内部制度建设是影响履行社会责任效果的重要条件。因此，企业要修炼内功，更好地承担起相应的社会责任，为整个社会的可持续发展做出贡献。在对企业社会责任实现不力的原因作分析时，我们曾提到企业的社会责任意识和企业的社会责任能力对于企业社会责任实现的影响。因此，企业的自律行为旨在从这两方面去推进。一方面，企业要把强化企业社会责任与和谐发展观联系起来，在经营活动中自觉履行社会责任和义务；要强化自律约束，对自己的经营理念、经营行为进行自我规范、约束和控制。另一方面，企业要建立基于企业社会责任的总体战略和经营战略，将履行企业社会责任与增强企业竞争优势结合起来，不断增强创造财富、回报社会的能力，同时，要完善企业内部治理结构和组织结构，以保证社会责任观念和战略的有效落实。

### 1. 自觉增强企业社会责任意识

增强企业社会责任意识主要从两个方面入手。一是增强具有社会责任感的企业家精神。企业的行为与企业家个人的操守密切相关，尤其是在我国经济发展中举足轻重的民营企业当中，企业家个人几乎可以完全决定企业的价值取向和未来走向。因此，作为企业家，应正确处理企业、政府与社会的关系，正确处理股东、客户与员工的关系，不只顾眼前利益，深刻感知到履行社会责任是获得长远发展的必要条件，是实现个人更高层次需要的途径。二是增强企业全员的社会责任意识。通过企业文化凝聚优秀的员工，从而使员工对企业价值达成共识，最大限度地提升企业社会责任的执行力。通过组织员工志愿者活动，使全员参与到企业社会责任行动中来。

2. 有效增强企业社会责任能力

(1) 实施企业社会责任战略

社会责任应当是一个主动和自觉的过程。因此，企业承担的社会责任必须纳入到企业的战略规划中。如果企业能够用战略的眼光来看待企业社会责任，那么，企业社会责任既可以解决社会问题，也能为企业带来竞争优势。

在战略管理中，任务陈述是制定战略的基础，它表明了企业存在的社会目的及价值。企业应在任务陈述中有效表达对社会责任的态度，从而奠定企业对社会责任问题及早采取行动的基本策略。其次，企业应明确，承担什么样的社会责任，对企业的经营方向、组织结构、用工制度、利润分配等都有不同程度的影响，必须根据变化了的企业内外社会环境制定具体的社会责任目标。企业应视情况而定，有选择性地策划和实施社会责任，设定确定的、可测量的目标。

在经营战略上，企业应拓展更多商业机会，从一开始就把对社会和环境的关心整合到经营战略中，结合公司的使命、战略、价值观、服务领域有选择性的策划和实施公益事业。这是促进企业创新和获取竞争优势的关键，也是企业增强履行社会责任能力的关键，因为倘若企业无法在市场竞争中立足，甚至亏损、破产，那么不仅连基本的经济责任都无法实现，更不要谈道德责任了。企业应该选择少数适合自身价值观的战略性重点领域；挑选可以支持企业经营目标的社会活动；选择与自身的核心产品及核心市场相关的主题；支持可以为实现营销目标提供机会的主题；评价不同主题对陷入危机或面临国家政策变动时提供积极支持的潜力；让更多的企业部门参与选择过程，以便为支持计划的实施打下基础；承担那些社区、客户和员工最关心的主题。

(2) 完善企业内部治理机制

企业社会责任要落到实处，就必须落实到企业的治理环节中。有效的公司治理结构应该包含企业社会责任的承担与实现机制，能够在企业面临决策时，综合考虑到利益相关者的利益，使决策行为符合企业利益相关者价值最大化原则，这样，企业的行为就是可以预期和控制的。从整个社会来看，只有企业具备了这样的公司治理结构，才能形成实现社会责任分担的微观基础。在这个基础上，政府就可以运用宏观调控手段，制定相应的公共政策，引导企业承担相应的社会责任。因此，企业内部治理结构的调适是实现企业社会责任的基础。

首先，允许企业利害关系人参与企业的经营。因为企业除股东外，事实上还有其他利害关系人，包括企业经营者、企业员工、主要供应商、主要债权人。在这种共同治理的模式下，董事会领导下的经理人员的受托责任不再是单纯地维护股东的价值，而是维护企业所有资产的价值。

其次，在董事会层面设专门委员会负责企业社会责任事项，或在董事会的职能中明确董事会要承担企业社会责任；在操作上，授权给公司的管理层负责相关事项。

最后，增设一些外部独立董事和职工董事。增设外部独立董事，可以从更加客观、公平、独立的立场对企业的经营管理进行监督和评价，促使企业履行对各利益相关者的责任承诺。增设职工董事，让员工参与公司重大决策，反映职工合理诉求，代表和维护职工合法权益。

（3）建立组织保障

对于社会责任的管理体系，欧美等国普遍给予高度的组织保障，并在战略规划上提到相当明确的位置，设立伦理委员会、伦理热线、建立伦理培训项目。各著名跨国公司都把履行企业社会责任作为实现企业好公民形象的条件，并且将企业社会责任作为一个制度化、规范化的管理体系，有明确的计划、有专门负责部门、有一定的经费保障、有可操作的规范化的管理程序。而内资企业特别是民营企业在组织制度建设上明显不足。国有控股企业虽然在社会责任管理措施的政策规章方面有更为明确的要求，但在组织保障方面还是明显逊色于外资企业。

内资企业在社会责任管理措施中的组织保障方面可借鉴外资企业的有两种组织形式：正式部门，即企业中设立专门的CSR部门，负责履行企业社会责任方面的义务；即需团队，即企业中没有专门的CSR部门，但在履行企业社会责任时会临时组织一个团队来进行相关活动。

## （三）社会推动

公民社会的发展有助于培育企业社会责任的外部压力，因而有助于刺激企业社会责任的发展，它的三个核心群体是非政府组织、新闻媒体和消费者，三者从不同的维度促进企业社会责任实现机制的达成。

1. 非政府组织的推动

非政府组织（NGO），一般被认为是非政府部门的协会、社团或其他非营利性

组织。随着“小政府，大社会”理念的日益深入人心，非政府组织将在公共利益的维护方面发挥更大的作用，因此，在 CSR 领域方面的潜能也还有很大的上升空间。我们认为，与中国企业社会责任的实现密切相关的非政府组织有行业协会和本身即以 CSR 为工作重点的特殊机构。

行业协会的基本职能是在政府宏观管理和企业微观经济活动中间发挥桥梁和纽带作用，传达政府意图，反映企业要求，协调企业行为，在企业社会责任的实现的职责和作用主要体现在三个方面。一是对企业进行约束，利用行业协会自愿与强制相结合的民主机制，运用行规的作用，发挥其自律和监督职能，对成员企业的行为进行约束。二是制定行业标准，为行业内的合理竞争、有序发展以及国际市场的扩展创造条件。我们在前面的分析中提到过，目前企业社会责任标准很多，但并不完全适合我国国情和企业实际，需要建立起一个有效的企业社会责任认证机制，这项工作一个重要的承担主体就是行业协会。例如，中国纺织工业协会 2005 年 5 月 31 日正式推出中国第一个行业性社会责任管理体系——CSC9000T，并且成立了中国纺织工业协会社会责任建设推广委员会，到现在为止，这个推广委员会已经有 170 家成员企业和单位。三是发挥沟通作用。向上与政府沟通，提供信息，反映群体需求；促进本行业成员间的对话和合作成员；制定维权准则，在具体的侵权案件中，通过协会直接给受害者以支持诉讼等方式参与。

本身就是以 CSR 工作为出发点的非政府组织，则需要深入了解中国国情，合理干预企业社会责任，但不应对企业正常的生产经营秩序造成干扰。需要获得企业对自身工作的支持，加强与企业的联系与合作。例如，我国第一个水污染公益数据库“中国水污染地图”，就是由环保领域的非政府组织与中国环境问题研究中心共同制订的，记载水质信息、排污信息以及污染源信息的电子地图，这是专门化的非政府组织推动企业履行社会责任的一个典范。

2. 新闻媒体的推动

我国企业社会责任实现机制的一个重要内容之一是企业社会责任的激励与约束机制。在这个机制的构建过程中，除了政府以外，新闻媒体由于其特有的公信力与覆盖面，能够在最短的时间内造成各种社会舆论效果，产生最大的影响力和社会效益。新闻媒体应主要发挥如下三个作用。

（1）宣传作用。鉴于企业社会责任在我国的现状，新闻舆论应该加大对企业社会责任的宣传和引导工作，逐步澄清企业社会责任承担方式、内容和意义，引导公众对于企业履行社会责任的现状的理解和认识，为在全社会范围内建立企业社会责任制度发挥应有的作用。

（2）监督作用。现代社会赋予了媒体舆论监督职能，媒体拥有有效的话语权，将有关企业社会责任的事实交给公众，引起公众积极的社会舆论，就起到了监督的作用。

（3）激励作用。新闻媒体可以通过颁奖、评选等形式，对于那些在社会责任方面做得好的企业充分表扬，帮助其提升公众形象，促使更多的企业参与企业社会责任运动。在这方面，新闻媒体应当注意努力做到这些活动的公正与公开，使这些奖项和排名能真正有意义；同时，致力于传播企业社会责任的最佳履行方法，让更多的企业懂得如何履行企业社会责任。

3. 消费者的推动

在 2008 年 1—2 期《WTO 经济导刊》公布的“2007 年中国企业社会责任十大事件”评选结果中，中国消费者协会 2007 年 3 月 15 日发布的《良好企业保护消费者利益社会责任导则》名列榜首。消费者是一个特殊群体，其消费决定直接影响到企业的财务绩效，他们的行为对企业有十分重要的导向作用，因而在企业社会责任实现机制的构建中占据重要位置。

在西方，责任消费一直是企业社会责任发展重要动力之一，消费者的抉择直接影响着企业的战略。在自由化的市场经济下，消费者的“货币投票”对商品生产者和销售者具有终极的影响力，不论中小企业，还是跨国公司，最终都必须服从于消费者的选择。

# 第五章 我国企业社会责任信息披露机制的构建

目前，我国企业社会责任信息披露机制不健全及由此导致的CSR信息披露质量差的问题不仅不利于利益相关者做出正确的投资决策，而且不利于我国企业社会责任实践的顺利开展。因此，建立健全企业社会责任信息披露机制成为亟需解决的一个重要问题。本章在对我国企业社会责任信息披露现状进行分析的基础上，重点讨论了企业社会责任信息披露的内容界定、披露形式选择、企业社会责任报告的撰写、每股社会贡献值的核算等问题，并提出了加快建立我国企业社会责任信息披露机制的若干对策。

企业作为社会经济活动的主体和一定经济资源的控制者，应积极承担一定的社会责任，以促进经济社会和谐、可持续发展。企业对其承担社会责任情况的相关信息予以整理、分析、计量、核算与披露，不仅有利于向企业利益相关者提供全面的相关信息，帮助他们做出科学的决策，同时还有助于社会责任信息的使用者客观、准确评价企业社会责任的履行情况和存在的问题，并促使企业科学、合理制定CSR战略和行动计划，有效开展企业社会责任活动。但是，在当前经济活动中，许多企业不惜牺牲社会利益、环境利益来获取经济效益，而且有意识地对与企业社会责任有关的信息进行隐瞒或传递虚假信息，造成了严重的社会问题。因此，需要对企业社会责任信息披露内容、披露形式进行引导甚至强制性的规定，以规范企业社会责任信息披露行为，维护各利益相关方的利益，并推动企业社会责任活动的有效开展。

## 一、我国企业社会责任信息披露现状及存在的问题

从目前的总体情况看，我国企业社会责任信息披露还处于初级阶段，这一方面表现为企业披露社会责任信息的积极性普遍较低，较少有企业能够主动披露其社会

责任承担情况及存在的问题（三鹿事件即是典型代表），而能够定期发布独立性企业社会责任报告或可持续发展报告的企业更少（在2008年上海证券交易所发布关于加强上市公司社会责任承担工作暨发布《上海证券交易所上市公司环境信息披露指引》的通知之前）；有部分上市公司虽然在年度报告中对其社会责任履行情况有所披露，但信息量极少。

处于初级阶段的另一方面表现是，在披露什么、对谁披露、如何披露等问题上，我国企业普遍缺乏认识和经验，例如，上市公司已发布的独立性企业社会责任报告普遍存在结构不完整、内容空泛、缺少数据和实例佐证等问题，未能对利益相关方关注的相关议题做出明确、有效的反应，更未表明企业的CSR方针、政策和目标。此外，经实证分析发现，在信息披露方面，经济效益好、经营规模大的公司往往比效益差、经营规模小的企业做得要好；国有企业往往比民营企业做得要好（沈洪涛，2007）。

这种现状首先与企业社会责任意识差、不愿主动承担企业社会责任有关。企业社会责任绩效差，必然导致其披露社会责任信息的积极性不高，甚至主动隐瞒相关信息。除此之外，这种现状还与以下问题有关。

第一，目前我国尚未建立全面的有关企业社会责任信息披露方面的法规体系，导致企业信息披露不积极、不规范。进行企业社会责任信息披露的外在驱动因素主要有两个方面：一是来自投资者及其他利益相关者对企业社会责任信息的需求；二是来自法律规定的压力。目前我国虽然在《公司法》《证券法》《上市公司治理准则》《上市公司信息披露管理办法》等法律法规中有一些关于企业承担社会责任的规定，但是对企业社会责任信息披露没有具体的规定，这就导致了很少有企业对社会责任信息进行披露，就算有所披露，信息也不全面。缺乏来自法规的压力是导致企业披露社会责任信息不积极的主要原因之一。

第二，对企业社会责任认识存在偏差，不能全面识别企业的利益相关方及其对企业的社会责任需求，导致所披露的相关信息简略，使利益相关方不能全面、客观地评价企业社会责任绩效。例如，中国电信、中国建设银行、中国神华等上市公司在其公司年报中都有“企业社会责任”的标题，但内容仅仅涉及公益事业、环境保护等方面。此外，这些公司所披露的信息也仅是一些具体的事例或简单的数据，这表明企业还没有将社会责任纳入战略管理的范畴，更没有形成明确的社会责任战略思路和行动方案。

第三，相关的会计理论和会计操作实务研究仍显不足。在我国企业的会计处理过程中，与企业社会责任有关的问题通常只作为常规的财务会计问题处理，而没有

单独归纳到与企业社会责任相关的信息中，如按环保部门规定交纳的排污费，只计入管理费用中；对职工集体福利、职工社会统筹保障金等只计入相关成本费用；对社会公益和社会福利事业的赞助和捐赠，只计入营业外支出等。这就导致企业虽然承担了社会责任，但相关的信息却没有体现出来，这就给社会公众了解及评价企业社会责任的履行状况带来了极大的不方便。

## 二、企业社会责任信息披露内容界定

企业社会责任信息披露就是把企业所从事的或计划从事的社会责任活动及其产生的经济、社会、环境等影响进行披露。因此，企业社会责任信息的内涵就是指与企业社会责任的内涵直接相关的信息。而企业社会责任信息的外延与企业社会责任体系所包括的内容是一致的。由于人们对企业社会责任体系构成的认识不同，因此，对企业社会责任信息披露内容的界定也存在差异。下面是国内外几种有代表性的观点。

日本学者 Yamagami，T 和 Kokubu，K（1991）认为企业社会责任信息披露就是企业所提供的具有社会影响的信息，包括环境（能源、产品安全）、社区参与、雇员关系、研究与开发、企业的国际活动 5 个大类。Guthrie 和 Mathews（1985）认为澳大利亚企业的社会责任信息披露就是提供一个企业与自然环境和社会环境相互作用所产生的财务的和非财务的信息，这些信息可以在年度报告中表述，也可以单独报告的形式来表述。Trotman 和 Bradley（1981）认为，企业在进行企业社会责任信息披露时应使用以下 6 个大类的指标：环境、能源、人力资源、产品、社区参与、其他。

Gray，R. H.，Kouhy，R. 和 Lavers，S.（1995）在研究了其他学者对企业社会责任信息所做的分类之后，认为企业社会责任信息包括以下 15 个大类：环境问题类、消费者问题类、能源问题类、社区问题类、慈善和政治捐赠问题类、与雇员相关的数据类、养老金的数据类、向雇员咨询类、在南非的雇用问题类、雇用残疾人的问题类、增值表类、健康与安全类、雇用持股计划类、其他的雇用问题类、其他类。

我国学者葛家澍、林志军（2001）认为，企业除了应提供正常经营活动报告之外，外界利益集团、政府机构和社会公众都需要企业提供有关企业社会责任的更多信息，诸如企业与环境保护、就业、雇员培训、反种族歧视、医疗劳保、与社区之间的联系或所做贡献的信息资料。李正（2006）通过对企业社会责任信息内涵和外延的界定，提出我国的企业社会责任信息披露的内容应包括环境问题、员工问题、社区问题、一般社会问题、消费者、其他 6 个大类，6 个大类中共包括 19 个小类。

由国务院发展研究中心、国务院研究室、国有资产监督管理委员会等机构发起的中国企业家调查系统将企业社会责任的范围设定为 4 个方面：经济责任、法律责任、伦理责任、公益责任 4 个大类，这 4 大类中共包括了保障股东权益、依法纳税、维护消费者权益等 20 个小类。

2008 年 5 月 14 日上海证券交易所发布的关于加强上市公司社会责任承担工作暨发布《上海证券交易所上市公司环境信息披露指引》的通知中指出，上市公司可以根据自身特点拟定年度社会责任报告的具体内容，但报告至少应当包括如下方面：①公司在促进社会可持续发展方面的工作，例如，对员工健康及安全的保护，对所在社区的保护及支持，对产品质量的把关等；②公司在促进环境及生态可持续发展方面的工作，例如，如何防止并减少污染环境，如何保护水资源及能源，如何保证所在区域的适合居住性等；③公司在促进经济可持续发展方面的工作，例如，如何通过其产品及服务为客户创造价值，如何为员工创造更好的工作机会及未来发展，如何为其股东带来给高的经济回报等。

本书认为，企业社会责任体系的构建应遵行协调性原则，即企业社会责任实践应与企业内外部环境相协调。在不同的社会文化背景下，在经济社会发展的不同阶段，企业应承担不同的社会责任。西方社会认同的企业社会责任，我国企业应积极承担，因为我国企业也要进入国际市场并接受国际社会的检验。但由于所处经济社会发展阶段的不同，西方社会没有重视的一些责任，如促进就业、加强公司治理、促进诚信商业文化的培育、推动自主创新和技术进步、保护知识产权等也是我国企业应努力发展的方向。本书认为，可以把企业社会责任信息披露的内容具体划分为以下 5 个大类、30 个小项，如表 5－1 所示。

**表 5－1　　企业社会责任信息披露内容体系**

| 责任类别 | 责任项目 |
| --- | --- |
| 经济责任 | 保持良好经济效益；推动自主创新和技术进步；保障股东权益；保障债权人利益（共 4 项） |
| 法律责任 | 提供优质产品和服务；依法纳税；建立健全公司治理结构；消费者沟通及抱怨处理；员工的健康和安全；员工社会保障；员工培训；工资发放和工作时间；传递真实信息；保护知识产权；遵守公平竞争原则；不从事腐败贿赂行为（共 12 项） |

续 表

| 责任类别 | 责任项目 |
|---|---|
| 环境责任 | 污染控制；环境恢复；节约资源；废旧物回收（共4项） |
| 文化伦理责任 | 组织文化建设；诚信商业文化建设；消除各种形式强迫劳动；促进员工长期发展（共4项） |
| 社会公益责任 | 促进就业；救助社会弱势群体；支持教育；捐助慈善；参与救灾；其他社区公益活动（共6项） |

## 三、企业社会责任信息披露的形式

披露形式是指企业披露社会责任信息时所采用的表述方式和媒介。从近年来国内外企业实践看，企业主要采用年度报告、年度报告之外的单独报告、大众传媒三种形式披露企业社会责任信息。其中，年度报告又分为年度报告内的分散披露形式、年度报告内的独立性报告形式等。

1. 年度报告内的分散披露形式

年度报告内的分散披露形式是指企业社会责任信息存在于年度报告的不同部分，例如，经营业绩回顾与展望、公司治理结构、财务报告、财务报告附注、管理层讨论与分析等，但是还没有集中于年度报告内的某个单独部分。2008年之前，我国上市公司绝大多数采用这种披露形式，利益相关者在使用企业社会责任信息时往往要花费大量的时间去分门别类地寻找。显然，这种形式不便于阅读和使用，披露的信息量也会受到限制。

2. 年度报告内的独立披露形式

年度报告内的独立披露形式是指在公司年度报告中设立独立的企业社会责任部分，并全面传递有关的信息。年度报告内的独立披露又可分为：描述性披露形式和报表披露形式。

描述性披露形式是指以确认和描述企业的社会责任活动为主，并辅以货币的和非货币的数额来计量这些活动。例如，污染物减排数量、妇女或者残疾人雇员的人数、节约的能源数量、捐赠的金额、员工培训次数和投入、每股社会贡献值等信息。这种披露形式的报告简便易行，是我国企业在近期改进企业社会责任信息披露体系最有可能采取的形式。

报表披露形式是指使用以货币为主的计量手段，以独立的报表来反映企业社会责任活动所产生的社会成本、社会收益。企业可以采用的报表有：社会利润表、现金流量表、社会责任资产负债表、社会贡献状况表等。报表形式更能够体现信息披露的严肃性和科学性。但编制这些报表不仅需要成熟的理论支撑，还需要具备系统的操作实务和计量方法。但到目前为止，这些问题都没有得到彻底解决。

3. 年度报告外的独立性企业社会责任报告

年度报告外的独立性报告是指在公司年度报告外，以独立性报告形式全面、深入反映企业社会责任履行情况及存在的主要问题。目前西方国家企业普遍采用这种形式进行企业社会责任信息披露，而我国上市公司自2008年开始推行这种形式，这与深圳、上海证券交易所分别发布了《深圳证券交易所上市公司社会责任指引》《上海证券交易所关于加强上市公司社会责任承担工作的通知》有关。独立性企业社会责任报告又可分为描述性的报告和报表形式的报告两种。但目前我国企业发布的企业社会责任报告均为描述性的，还没有一家公司采用报表形式。根据上证所的要求，290家上市公司披露了独立的2008年企业社会责任报告，其中，有76家公司在CSR报告中披露了“每股社会贡献值”。

4. 大众媒体披露形式

大众媒体包括报纸、广播、电视、新闻网络、公司网站等，通过这些媒体披露社会责任信息比较适用于公共关系管理和针对特定事件所进行的信息披露。大众媒体披露社会责任信息具有及时性、成本低的优点，但是其缺点也十分明显：第一，通过大众媒体披露的信息不像年度报告那样，有相关的法律规定进行约束；公司可以选择性地披露一些对公司有利的信息甚至披露虚假的信息；第二，大众媒体（报纸除外）的信息并不像年度报告那样，可以永久保存，尤其是公司网站的信息可以被公司随时更改。

## 四、企业社会责任报告的编制

企业社会责任报告是企业就其经济活动对特定利益相关者及社会整体产生的经济、社会和环境等影响进行沟通的过程，是对企业社会责任履行情况的综合反映。在过去的两年里，发布独立的企业社会责任报告正逐步成为中国企业实施CSR管理、加强与内外部利益相关者沟通的一个新措施，但是对于大多数中国企业而言编制CSR报告仍然是一个学习的过程，而如何最有效地利用CSR报告更是一个还未

解开的疑问。根据国内外企业成功的实践经验，要做好企业社会责任报告的编制并对其进行有效利用，至少要解决好三个方面的问题：①如何确定报告的实质性议题；②如何在报告流程和内部管理系统之间建立最佳联系；③如何在复杂的企业结构内部有效地收集数据。此外，在报告中应提供哪些定量指标及如何测算，也需要进行规范。如图 5－1 所示。

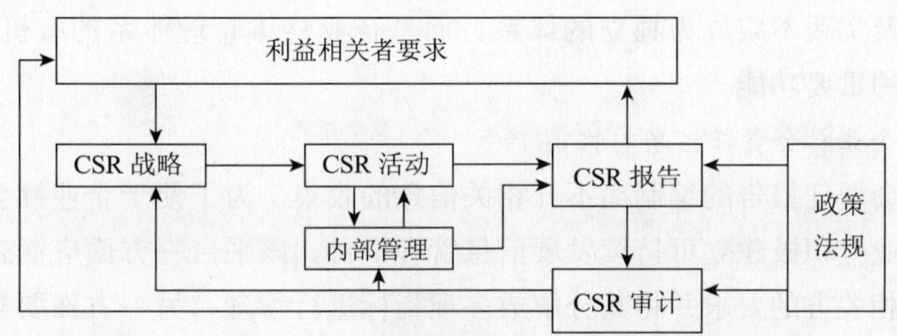


**图 5－1 利益相关者要求、内部管理与企业社会责任信息披露**

1. 关于 CSR 报告的实质性议题的确定

（1）实质性议题的选择要保持透明度。CSR 报告应由若干实质性议题构成，这些议题及所披露的相关信息，一方面要与企业社会责任实践紧密相关，客观反映企业所开展的各项企业社会责任活动及其效果，另一方面要契合各利益相关方对企业提出的各种要求。如果某个利益相关方要求披露的信息没有在报告中披露，公司应该有充分而合理的理由给予说明。

（2）在 CSR 报告实质性议题的选择上，不同类型企业应有不同的侧重点。尽管政府、环境、社区、员工、供应商等各类利益相关方都或多或少对每一个企业都会提出要求，但受企业属性、企业所在的行业特性、企业经营规模等因素的制约，在一定时期内，不同类型企业所承担的主要社会责任会有所差异，企业社会责任投入的主要领域会有所不同。例如，对于金属冶炼行业的企业来说，减少资源消耗和保护环境等环境类责任是企业承担的主要责任，因此，环境议题应成为这类企业的 CSR 报告的主要议题；而对于采掘行业的企业来说，生产安全是企业承担的主要责任，因此，安全议题应是这类企业的 CSR 报告的主要议题。CSR 报告议题的选择应该充分考虑企业属性、企业所在的行业特性、企业经营规模等因素。

2. 关于报告编制与企业内部管理体系的结合

把 CSR 报告的编制与企业的管理体系结合起来，对于大多数中国企业来讲仍是一个相对陌生的问题。企业社会责任是企业管理体系的重要组成部分，甚至需要把企业社会责任实践提高到企业战略管理的高度。企业社会责任不仅涉及企业经营管理的方方面面，而且体现着企业经营理念、管理思想。因此，企业披露的CSR信息在一定程度上反映着企业经营管理的现状。

CSR报告与企业管理体系的关系决定了CSR报告应具有三维性：①传递公司的价值观体系或组织文化，表明公司的CSR方针、政策和目标；②与现有的披露机制进行整合；③帮助企业把企业社会责任嵌入企业流程和管理体系之中。企业社会责任管理及实践不应成为独立的体系，而是企业整体管理体系的有机组成部分，是企业流程的重要功能。

3. 关于企业社会责任信息的收集

企业社会责任报告的编制离不开相关信息的收集。为了便于企业社会责任信息的收集，企业应积极建立可持续发展信息管理平台。该平台一方面应涵盖企业社会责任内容和相关方的要求并将其分解成多项指标进行管理，另一方面要具有数据收集、分析统计、报告整合、信息发布、知识管理等多项功能，其建立必须考虑企业的管理体系，其建立和应用将在很大程度上解决企业对于CSR报告所需信息收集方面的问题与困难。

4. 关于定量指标的设置和使用

企业社会责任报告不仅要对企业CSR方针、政策、目标及履责情况进行定性披露，还要列示必要的定量指标，以便使用者更客观、准确地评价企业社会责任管理绩效。上海证券交易所鼓励上市公司在社会责任报告中披露每股社会贡献值。该指标是对“每股收益”指标的必要和有益的补充，是上市公司治理目标由“股东权益最大化”进一步上升为“利益相关者利益最大化”之后业绩评价指标的新发展。目前，上证所提供的该指标测算方法有以下不足：①没有体现环境保护、员工培训方面的投入或成效；②如何核算“其他社会成本”，目前仍没有统一的口径和要求。

除了“每股社会贡献值”外，企业还应披露以下定量指标：单位产值能耗、污染物减排数量、节约的能源数量、顾客投诉数量、妇女或者残疾人雇员人数及其在员工总数中所占比重、对外捐赠金额及其占企业营业收入的比重、员工福利支出、员工人均培训小时数和培训投入等指标。在使用定量指标时，社会责任报告者除了提供年度数据外，还应提供纵向比较的相对数据，以表明企业社会责任绩效的变动趋势。例如，在能源节约方面，除了披露“单位产值能耗”外，还应披露“单位产值能耗降低率”。

## 五、如何核算每股社会贡献值

根据上海证券交易所发布的《关于加强上市公司社会责任承担工作暨发布〈上海证券交易所上市公司环境信息披露指引〉的通知》的要求，有条件的企业应在CSR报告中披露每股社会贡献值，即在公司为股东创造的基本每股收益的基础上，增加公司年内为国家创造的税收、向员工支付的工资、向银行等债权人给付的借款利息、公司对外捐赠额等为其他利益相关者创造的价值额，并扣除公司因环境污染等造成的其他社会成本，计算出公司为社会创造的每股增值额，从而帮助社会公众更全面地了解公司为其股东、员工、客户、债权人、社区以及整个社会所创造的真正价值。如前所述，上海证券交易所提供的有关该指标的核算方法主要存在两方面的问题：一是没有体现环境保护、员工培训、改善劳动条件、供应链优化等方面的投入或成效；二是如何核算“其他社会成本”，目前仍没有统一的口径和要求。

作为一个综合性指标，每股社会贡献值应基本反映企业为所有的利益相关者创造的价值。在目前的指标核算方法中，“利润”对应的利益相关者是股东，“税收”对应的是政府，“工资”对应的是员工（劳动），“利息”对应的是债权人。而企业对商业合作伙伴、环境等利益相关者的贡献没有体现出来。不仅如此，企业对每个利益相关者的贡献并不是只有一个，而是多方面的，也就是说企业对每个利益相关者的贡献可以利用多个指标来体现。为此，我们对该指标的核算方法做如下的改进。

1. 除了计算公司净利润、税收、工资、利息、对外捐赠外，应增加以下的核算项目

（1）员工福利及社会保障支出，包括为员工缴纳的养老、医疗、住房、失业等社会保险支出，员工交通津贴、误餐补助及其他各种福利支出等。

（2）员工培训支出，包括用于安全培训、技能培训、管理培训、心理培训等方面的支出。

（3）环境保护支出，包括污染控制支出、废旧物回收支出。

（4）改善劳动条件、改进技术等方面的支出。

（5）因供应链优化而降低的库存成本、物流成本等。

2. 关于其他社会成本的核算

其他社会成本是指除了必然要发生的社会成本外，因企业生产经营活动的开展

对社会所造成的损失，即外部不经济。在核算社会贡献值时，必须扣除其他社会成本。其他社会成本的形成主要与环境污染、过度能源消耗、员工解聘、安全事故等有关，主要体现为过度资源消耗成本、环境污染治理成本、人力资源成本、社会管理成本等。其中，过度资源消耗成本可以通过与行业资源消耗的平均水平比较而求出；环境污染治理成本则可以依据典型环境治理项目的投入水平进行核算，或根据企业产能规模确定一个合理的数值。

表 5－2　　每股社会贡献值的核算内容

| 利益相关者 | 每股社会贡献值的加项 | 每股社会贡献值的减项 |
|---|---|---|
| 股东 | 净利润（＋）<br>改进技术的投入（＋） | 该分而未分的红利（－） |
| 债权人 | 利息（＋） | |
| 政府 | 税收（＋） | 罚项支出（－） |
| 员工 | 工资（＋）<br>员工福利（＋）<br>社会保障支出（＋）<br>员工培训支出（＋）<br>改善劳动条件的投入（＋） | 恶性安全事故补偿成本（－） |
| 消费者 | 售后服务支出（＋） | |
| 商业合作伙伴 | 因供应链优化而降低的库存成本、物流成本（＋） | 额外增加的合同成本（－） |
| 社区 | 捐助（＋） | |
| 环境 | 环境保护支出（＋） | 过度资源消耗成本（－）<br>环境污染治理成本（－） |

根据以上分析，可以利用以下的公式来描述每股社会贡献值的核算方法：

每股社会贡献值＝（净利润＋税收＋职工工资＋利息＋对外捐助＋员工福利及社会保障支出＋员工培训支出＋环境保护支出＋改善劳动条件的投入＋改进技术的投入＋售后服务支出－其他社会成本）/公司总股本。

其中，其他社会成本 ＝该分而未分的红利＋过度资源消耗成本＋环境污染治理成本＋社会管理成本＋恶性安全事故补偿成本＋罚项支出等。

## 六、完善企业社会责任信息披露机制的建议

第一，企业社会责任信息披露机制的构建不仅要关注披露内容、披露形式问题，建立并完善与企业社会责任信息披露有关的法律法规也是急需解决的问题。西方国家企业社会责任信息披露经历了一个由自愿性披露到强制性披露，再到自愿性披露和强制性披露相结合的发展过程。所以，我国必须加快相关法律法规的制定和完善，对企业社会责任信息披露作出强制性规定。

我国企业披露的社会责任信息应区分为自愿披露和被要求披露的两部分，被要求披露的部分由国家制定相应的法律、法规强制企业必须披露，自愿披露部分由企业根据实际情况选择披露。对于上市公司来说，应通过证监会，尽快出台《上市公司社会责任信息披露管理规定》，对上市公司企业社会责任信息披露的范围、具体内容和披露形式等进行规范和引导。

第二，在披露形式的选择上，应强化独立的描述性企业社会责任报告形式，并积极探索和建立会计基础披露模式。CSR 报告不仅要呈现企业履行社会责任基本情况，而且要披露每股社会贡献值、单位产值能耗、污染物减排数量、节约的能源数量、妇女或者残疾人雇员的人数及其在员工总数中所占比重、捐赠金额及其占企业营业收入的比重、员工培训次数和投入等定量指标。对于企业承担的社会责任，如果能够以数据进行确认和计量，则应优先采用会计指标予以反映。企业社会责任报告不仅要反映企业履行社会责任的情况和存在的问题，而且要表明企业的 CSR 管理方针、政策及组织架构（以保证 CSR 建设的持续性），表明企业 CSR 长、中、短期目标（以形成履行 CSR 的良性循环）。

第三，出台行业性或地区性企业社会责任报告统一框架。统一的企业社会责任报告框架不仅有助于宣传先进的企业社会责任理念，对企业社会责任实践产生引导和规范作用，而且有助于提高报告的可比性，提高使用者的阅读预期和阅读效率。但由于我国工业行业种类繁多，有些行业有着明显的地域性，各种规模的企业均大量存在。因此，我国相关的政府部门和行业组织可以借鉴国外机构推出的全球性、行业性或地区性的 CSR 报告指南，结合我国的经济、社会特点，为我国企业提供相关的企业社会责任报告指南。

第四，建立企业社会责任报告的第三方审计制度。在企业发布的 CSR 报告中，如果能有第三方机构出具的审计意见，将会显得更加公正、客观和可信。要保证社会责任报告审计的质量，就必须充分发挥注册会计师、质量认证机构等独立中介机构的作用，并确保审计者的独立性。同时，要加快制定企业社会报告审计准则或标准。这就要求国家财政、审计机关及注册会计师协会要积极推动这一进程，借鉴国外已有标准，根据我国经济发展现状，制定一套社会责任报告审计标准，明确社会责任报告审计的对象、审计范围和审计主体，设计科学合理的社会责任报告审计方法和程序，拟定社会责任审计报告的主要形式，使社会责任报告审计有据可依。

第五，建立社会公众监督机制，引导公众参与监督企业的社会责任信息披露行为。社会公众是重要的利益相关方，同样关注企业履行社会责任的情况，因此，引导社会公众参与监督企业社会责任信息披露行为，对于提升企业社会责任报告的价值有重要的意义。例如，可由政府部门或其他非营利组织倡议、发起网上最受公众喜爱的 CSR 报告评比活动，并通过重要媒体公布评比结果。

# 第六章 首都企业社会责任管理模式研究

北京作为全国政治、文化和国际国内交流中心，其企业社会责任管理水平和绩效表现对全国企业具有示范、导向作用，也具有通向国际的窗口作用，完善企业社会责任实现机制和监管体系，对促进首都的经济社会发展、建设首善之区具有重要的意义。完善首都企业社会责任管理体系，必须要处理好政府、企业和社会三者之间的关系，明确各自的角色定位，实现“三位一体”，共同推动企业社会责任运动的开展。目前，在企业社会责任意识普遍不强、政策法规体系不够完善、非政府组织不够健全的情况下，北京应建立政府主导型的企业社会责任管理模式。作为企业社会责任的主要监管者，地方政府应通过加强法规建设、政策引导、行政干预和提供相关服务，推动企业社会责任绩效的提升，进而增强地区竞争力。

## 一、企业社会责任管理模式的内涵和分析框架

参照国际标准或成功经验，为实现我国企业社会责任的系统化、规范化管理，提升企业社会责任绩效，必须建立完善的企业社会责任管理体系。根据管理主体的不同，可以将企业社会责任管理体系分为企业内部的社会责任管理体系和由多主体参与的综合性企业社会责任管理体系。本章主要探讨综合性企业社会责任管理体系的构建。在不同地区，经济社会发展水平存在明显差异，导致企业承担社会责任的动力、压力和能力也存在不同。因此，在特定地区，需要建立与其经济社会发展现状相符合的、具有一定特色的企业社会责任管理体系，即建立有针对性的企业社会责任管理模式。

### （一）企业社会责任管理模式的内涵

企业社会责任管理模式表现为具有一定特色的企业社会责任管理体系。企业社

会责任管理体系是指在正确处理政府、企业和社会三者关系的基础上，以完善的政策法规和规范的组织、制度和流程，对企业社会责任体系建设和企业社会责任行为进行引导、约束、监督和评价，切实保障企业在经济、社会与环境三方面责任行为的有效落实。企业社会责任管理模式的差异，一方面体现为企业社会责任参与主体的地位和作用的不同，另一方面体现为企业社会责任管理体系内容构成的差异。

1. 参与企业社会责任管理的主体界定

企业社会责任管理模式因参与主体的地位和作用不同而不同。企业社会责任实现的参与主体包括政府、企业和社会三方，其中，社会又包括了非政府组织（如消费者协会）、员工、商业伙伴、媒体、社区等除政府之外的其他利益相关者。

（1）在企业社会责任管理体系中，政府作为企业社会责任的监管者，其作用主要体现在引导、推动、管制、评价和服务等方面。政府颁布的政策法规既可以形成企业履行社会责任的压力，又可以成为引导企业社会责任管理决策和行为的动力。因此，政府对企业的作用既有宏观调控也有直接管制。

（2）企业作为社会责任的履行者，必须加强企业社会责任的自我管理，完善内部社会责任管理体系。企业应通过创新组织文化，完善公司治理结构，建立健全内部管理规章、制度，改善劳动关系，提升履行企业社会责任能力；企业应加强与各种利益相关者的联系和沟通，全面、及时、准确地发布企业社会责任信息，准确把握社会对企业的期望，科学制定企业社会责任管理目标和实施方案，为企业发展创造良性的外部空间。

（3）企业与社会相互依赖、相互促进。在企业社会责任的实现过程中，社会起着重要的作用，例如，消费者的购买决策、新闻媒体的报道、第三方评审机构的评审意见都是形成企业社会责任压力的重要因素。

2. 企业社会责任管理体系构成

企业社会责任管理模式因社会责任管理体系构成的不同而不同。企业社会责任管理体系主要由企业社会责任的激励约束机制、企业社会责任的需求机制、企业社会责任信息披露机制、企业社会责任管理认证机制，以及公司内部治理机制等子系统构成。

（1）企业社会责任激励约束机制。要推动我国企业履行社会责任，关键是要尽快完善企业社会责任实现的激励机制和约束机制，使企业自觉增强社会责任感，积极主动承担社会责任。企业社会责任激励机制为企业履行社会责任提供动力，政府可以通过政府采购、财政补贴、税费优惠，甚至直接资助的办法鼓励企业主动承担社会责任。企业社会责任的约束机制可分为企业外部约束机制和企业内部约束机

制。企业内部约束主要与公司治理有关，而企业社会责任的外部约束机制可分为市场约束、法律约束和行政约束。

（2）企业社会责任需求机制。企业社会责任供给与企业社会责任需求直接相关。企业社会责任需求机制是通过增强企业利益相关者的企业社会责任意识和行为，提高对企业社会责任的社会性需求，增加利益相关者对企业的压力，促进利益相关者与企业的对话交流和互动合作，以带动企业对社会责任的有效供给。需求意识和需求行为是需求机制的两个基本构成要素，完善需求机制需要强化这两个方面。

（3）企业社会责任信息披露机制。企业对其承担社会责任情况的相关信息予以整理、分析、计量、核算与披露，不仅有利于向企业利益相关者提供全面的相关信息，帮助他们做出科学的决策，同时还有助于社会责任信息的使用者客观、准确地评价企业社会责任的履行情况和存在的问题，并促使企业科学、合理地制定 CSR 战略和行动计划，有效开展企业社会责任活动。建立健全企业社会责任信息披露机制是推动企业履行社会责任的重要措施。企业社会责任信息披露机制的构建不仅要关注披露内容、披露形式等问题，还需要完善与企业社会责任信息披露有关的法律法规。

（4）企业社会责任评价和认证机制。由政府、消费者或第三方独立机构对企业社会责任管理体系和企业社会责任绩效进行审核、评价、认证并发布相关信息，是监督企业社会责任行为的重要机制。要对企业社会责任管理体系和绩效进行评价和认证，一方面需要建立科学的企业社会责任评价标准体系，另一方面需要培育合格的企业社会责任审计机构和认证机构。

## （二）地区性企业社会责任管理模式分析框架

在不同地区，企业社会责任体系和责任行动往往有不同的特征，企业社会责任绩效往往也有不同的表现，这与当地企业社会责任管理模式有密切关系。在不同的企业社会责任管理模式下，政府、企业、社会所扮演角色、所发挥作用会有所不同，所建立的企业社会责任管理体系也会有不同的内容。如图 6－1 所示，建立地区性企业社会责任管理模式，需要充分考虑当地经济社会发展现状，并正确处理好政府、企业和社会三者之间的关系。

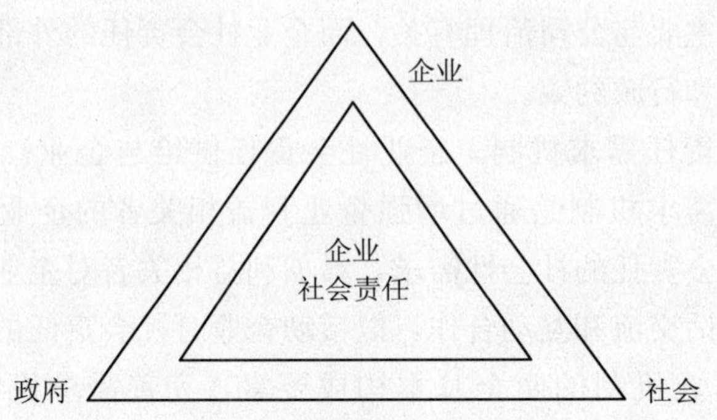


**图 6-1　地区性企业社会责任管理模式分析框架**

1. 地区经济社会发展现状及其对 CSR 的要求

地区性企业社会责任管理体系的建立必须考虑当地经济社会发展现状。正是由于企业与社会之间存在相互依存的关系，因此，企业社会责任体系的建立，企业社会责任行动的开展，应与当地经济社会发展现状相适应。例如，由于所处经济社会发展阶段的不同，西方社会没有重视的一些责任，如促进就业、促进诚信商业文化的培育、推动技术进步等则是我国企业应努力发展的方向。

2. 正确处理政府、企业、社会之间的关系

企业社会责任行为是在一定的社会环境下进行的，企业与社会之间存在相互依存的关系。从各种关系看，可以将企业社会责任实现机制的参与主体界定为政府、企业和社会三方，其中，政府是企业社会责任的监管主体，企业是企业社会责任的承担主体，社会则是企业社会责任的推动主体。建立地区性的企业社会责任管理体系，必须处理好政府、企业、社会三者之间的关系。对三者关系的处理方式不同，或者说，三者的角色定位不同，那么所建立的企业社会责任管理体系也就不同，从而会形成不同的企业社会责任管理模式。例如，在制度不健全、企业诚信意识普遍较差的情况下，加强政府对企业社会责任的严格监管就显得至关重要。

## （三）三种典型的企业社会责任管理模式

根据企业社会责任管理的参与主体及企业社会责任管理体系构成的不同，可以将企业社会责任管理模式划分为以下三种类型：政府主导型的企业社会责任管理模式、核心企业主导型的企业社会责任管理模式、非政府组织主导型的企业社会责任管理模式。

1. 政府主导型的企业社会责任管理模式

在该模式下，政府通过利用政策、法律、行政等手段，在推动、约束、监管、

评价企业社会责任实践等方面发挥主导作用。一方面，政府牵头制定并发布与企业社会责任实现有关的政策和法规，直接提供企业履行社会责任的引力和压力；另一方面，政府通过利用政策、法律、行政等手段，引导消费者、员工、社区、新闻媒体、非政府组织等利益相关方参与，推动CSR激励、需求、评价、信息披露等其他社会责任实现机制的形成。在政策法规体系不完善、企业社会责任意识普遍不强、非政府组织力量薄弱的情况下，建立政府主导型企业社会责任管理模式势在必行。

例如，近年来深圳市、烟台市在探索建立政府主导型的企业社会责任管理模式。在具体的推进企业履行社会责任的方式上，深圳市正逐步建立健全8大机制，包括推动企业社会责任标准化建设的机制；转变企业责任观的宣传教育机制；运用法律手段推进企业履行社会责任的机制；促使企业完善内部社会责任管理的机制；企业社会责任信息披露和评价机制；推进企业履行社会责任的激励机制；充分发挥不同社会主体作用的社会参与机制；推进企业履行社会责任的政府工作机制。

2. 核心企业主导型的企业社会责任管理模式

随着经济全球化和一体化程度的不断提高，单个企业的竞争力已不单纯表现为企业自身的竞争力，更多的与企业所在的整个供应链的竞争力联系在一起。因此，越来越多的跨国企业开始在供应链视角下推行企业社会责任，通过跟踪供应链上各个合作伙伴的劳工使用、环境保护和社会责任实践情况，确保他们履行社会责任，以保证企业自身处于一个有利的竞争态势。由此，核心企业主导的社会责任管理模式产生了，该模式总体上仍属于市场导向的企业社会责任管理模式。在该模式下，核心企业（往往是大型制造企业或大型零售企业）不仅要承担最多的社会责任，而且负责制定或指定供应链所需遵循的企业社会责任内部和外部守则，对供应链成员企业的社会责任行为进行协调和评价；核心企业的市场行为直接关系整个供应链的社会责任底线的高低。在该模式下，企业社会责任管理不仅包括整体管理，还包括个体管理。从整体管理层面看，关键是建立一种整体的社会责任认知，并在此基础上建立一致的守则和规范，然后严格地去执行。在该模式下，政府、社会可以重点通过对核心企业的监督、引导和评价，进而推动整个地区的企业社会责任的实现。

3. 非政府组织主导型的企业社会责任管理模式

随着经济社会的不断发展，整个社会越来越趋向多元化，特别是在一些社会问题比较突出、尖锐的领域里，非政府组织的活动尤为活跃和集中。由于非政府组织的行为具有独立性、灵活性、公益性、创新性等特征，因此它们往往发挥着政府和企业所没有或难以充分发挥的作用，推动了社会进步。从世界各国的实践看，非政府组织（如全球报告倡议组织、全球环境研究所、企业社会责任欧洲联盟、AA100

社会和道德责任协会等）在企业社会责任运动的推进中发挥着非常重要的作用，并在一些地区形成了由非政府组织主导的企业社会责任管理模式。在该模式下，非政府组织通过制定社会责任标准或守则、表达意见、发表报告、组织具体的CSR活动等形式影响企业社会责任行为。

其实，企业社会责任是一个政府无法运作、市场无法自行调节、企业难以全面自觉履行的领域。在企业社会责任领域，不应、不宜由政府运作的项目或活动，也不可能由企业自身解决的问题，两方面的力量正在促使形成一个活动团体，这些团体主要由非政府组织组成，它们对政府、企业的影响越来越大，国际化特征越来越明显，越来越具有社区特征，他们通过制定标准、表达意见、评价企业、发表报告，影响政府，影响消费者选择，进而影响企业行为。

## 二、国外企业社会责任管理模式借鉴

### （一）美国企业社会责任管理模式分析

企业社会责任有三个基本要素：市场行为、监督行为、自愿行为。美国企业社会责任管理模式基本上是按照这三个要素规范企业行为的。

1. 市场行为要素管理模式

企业社会责任的市场行为是企业通过竞争的市场所体现的社会责任，这种行为始终由企业社会责任支配。企业的生存和发展要在竞争的市场中去实现，企业要发展，就要扩大生产规模，就要扩大招聘员工，这就扩大了社会就业；企业追求利润的不断扩大，就为政府增加了税收；企业技术革新，增强了竞争力，有利于股东价值最大化。因此，对企业社会责任的最大检验是市场行为。2000年，美国通用汽车公司在全球51个国家雇用了38.6万人，支付了216亿美元的工资，生产了850万辆汽车，创造了24亿美元的税收。税收是维持社会安定的主要来源之一。提高社会就业机会、创造社会福利、维持社会安定是通用汽车公司通过市场行为所履行的最大的社会责任。

2. 监督行为要素管理模式

企业社会责任的监督行为是企业的经营行为必须符合政府和国际组织的规则、社会契约的规定。20世纪后期监督行为在美国等发达国家受到重视。例如，为适应社会对企业的要求，通用汽车公司必须满足多个国家的多项规则。这些规则促使通用汽车公司减少对环境的污染。通用汽车的排气标准不仅要达到美国的标准，同时又要达到五个国家的严格标准。在欧盟等国家，通用汽车公司与其他汽车制造商一样要使他们废旧的汽车作为可循环使用的原料。

3. 自愿行为要素管理模式

企业社会责任的自愿行为是企业自愿去承担不完全社会契约的要求。这些不完全社会契约由于受到社会条件的限制，不能在社会契约中确定下来。企业社会责任的自愿行为主要表现为两个方面。第一，超越法律的要求。法律是对社会行为的一种约束，但有些社会行为法律尚未约束或约束的还不够严格。企业社会责任要求企业必须自愿去承担法律尚未约束到的社会责任，如少数种族的权益、工人的安全、环境污染的控制等。第二，社会舆论的要求。社会舆论对企业社会责任起到一种监督作用。企业社会责任要求企业对社会舆论做出积极的反应，如对慈善团体机构的捐献，提高成人教育等。在这方面，通用汽车公司承担了许多企业社会责任自愿行为。1999年的Oklahoma旋风灾害中，通用汽车公司捐献汽车给“红十字会”，总价值超过了70万美元；哥伦比亚地震，通用汽车公司捐献了价值80万美元的汽车去运送食品和药品。在“9·11”事件中，通用汽车公司捐献了100万美元和超过150辆汽车进行救援。

## (二) 欧盟企业社会责任管理模式分析

企业社会责任在欧洲各国正式推出的形式有多种，或是受社会事件的影响（重组、跨国企业的经营）；或是政府的直接行动（论坛、社会标签）；或是由工会为解决社会问题采取的行动，如表6-1所示。

表6-1 欧盟各成员国推动企业社会责任的出现形式

| 国家 | 各国推出CSR的形式年份 |
|---|---|
| 德国 | CSR在德国传统已久联邦政府召开多利益相关者论坛2001 |
| 奥地利 | 私营企业的行业工会进行的社会审计2003 |
| 比利时 | 社会标签2001 |
| 保加利亚 | 重组危机引起大规模裁员，跨国公司在当中起建设性角色2002 |
| 芬兰 | 有关道德伦理的论坛2001 |
| 法国 | 有关规范年报的法律出台2001 |
| 希腊 | 经济与社会理事会的建议2003 |

续 表

| 国家 | 各国推出 CSR 的形式年份 |
| --- | --- |
| 匈牙利 | 跨国公司对 CSR 所作的努力 2002 |
| 爱尔兰 | 对欧盟绿皮书的辩论 2002 |
| 意大利 | 政府社会事务部门参加完在丹麦举行的欧盟会议后举行的辩论 2002<br>各个工会（CISL，UIL，CGIL）的讨论会议 1999，2002，2003 |
| 波兰 | “社区公民”的传统跨国公司的社会政策 |
| 葡萄牙 | 经济与社会委员会举办的研讨会 2002 |
| 英国 | 道德贸易行动（Ethical Trading Initiative）提出的两大议题：1997<br>参与当地社区和承担国际化的责任 |

资料来源：“European trade unions and Corporate Social Responsibility”，Final report by the European Trade Union Confederation，10 May 2004.

无论企业社会责任在社会的最初整体推动者是政府、企业还是社团，欧洲各国普遍意识到，社会责任的有效执行可以提高社会福利、促进社会可持续发展。履行社会责任应以企业为主导，但不仅是企业自身的事，社会责任的推动离不开政府的支持和社会的参与。加之近年来，各种管理标准、认证、责任报告的层出不穷，使消费者、投资者等利益相关者产生迷惑，造成市场的不规范，因此，政府机构、社会组织必须在倡导责任行为中起到应有的作用。欧盟的企业社会责任涵盖了社会和环境问题，并强调企业社会责任是把社会和环境的关系融入到企业的日常运营中，它不是一个附加的、与企业的日常运营相隔离的活动。在欧盟，企业社会责任实质上是自愿性的。2006 年 3 月，欧盟发布了一项新的企业社会责任政策，即把企业社会责任放在欧盟增长战略的中心位置，鼓励企业为可持续的公共政策目标做出贡献。

政府机构的推动是指欧盟委员会的推动及欧洲各国政府的支持。2006 年 3 月，欧委会在布鲁塞尔发表最新公告“经济与就业的联动：使欧洲成为企业社会责任的标杆”，并同众多非政府组织合作建立“企业社会责任欧洲联盟”，作为欧盟进一步实践其新战略的重要组成部分。联盟对所有的欧洲企业开放，旨在促进和鼓励企业社会责任实践，为大公司、中小型企业及其利益相关者主动的企业社会责任行为提供政治支持。欧委会逐渐转向以更靠近企业的角度看待企业社会责任，将企业社会责任视为改善欧洲竞争力的“双赢商机”。通过这一战略，欧盟将促进企业加强与利益相关者的对话与合作，特别将在中小企业中推广企业社会责任作为工作重点，以更好地促进企业的创新，并为可持续发展做出贡献，以及为欧洲的经济增长和就业战略提供支持。

欧委会对企业社会责任倡导了十年，主要遵循的法则有：认可社会责任的自愿性；增强企业社会责任行动的可信度和透明度；聚焦委员会的参与能够带来增益的活动；关注中小企业的需求和特点；结合现有的国际协议和实践工具。根据以上法则，欧委会倡导企业社会责任的工作重点是：①提高社会认知度，即社会责任对欧洲国家以及发展中国家的经济与社会的积极影响；②促进成员国之间有关社会责任实践的经验交流；③促进社会责任实践和工具的趋同和透明度；④建立欧洲多利益相关者的企业社会责任论坛；⑤将企业社会责任融入到欧盟政策的制定中。

欧盟各成员国政府也积极响应欧委会的指导意见，采取相关政策支持企业社会责任的执行。他们各自向欧委会做执行报告，并由欧委会对于政府行为进行三个方面的考察：推广企业社会责任、保证信息披露透明度、制定企业社会责任的辅助政策。

### （三）日本企业社会责任管理模式分析

日本最早提出企业社会责任是在 1956 年，由日本产业界的经济同友会在其通过的“经营者对社会责任的觉悟及实践”的决议中首次提出，并把“经营—企业的社会责任”作为经营者的“新理念”。之后，1973 年，日本经济团体联合会制定了《行动宪章》，明确提出了完成企业的社会责任的七条原则：①向社会提供有用的财富和服务；②努力实现职工的精神与物质两方面的富裕；③在注意保护环境的前提下开展企业活动；④通过各种活动积极为社会做贡献；⑤通过各项事业活动，努力提高所在地区的社会福利水平；⑥不参与破坏社会秩序及安全的活动；⑦努力使企业的行动原则与社会常识一致。这七条原则对日本企业社会责任的实施起到了很大的推动作用。统观日本目前企业社会责任的实施现状，其特点主要有以下几个方面。

1. 企业社会责任实践深受日本传统文化的影响

日本企业社会责任的实施带有很重的传统文化色彩。日本传统文化中蕴含着重“恩”的思想。“恩”是指“感恩”，是一种报德思想；还包括“一圆融合论”，它认为即使是对立、矛盾的事物也可以互相融合、转化，这也与“企业与社会双赢、共荣”的现代企业社会责任理论相契合。这种感恩思想的文化内涵对日本企业社会责任的实施有着非常积极的意义。然而，日本文化里还有“忠”和“和”的思想。

“忠”源于对天皇的忠，延伸到企业就是对企业的忠。这种“忠”在很多情况下是一种无条件的服从，这就会导致其他利益相关者（比如少数股东等）的权益很可能遭到忽视。所谓“和”就是一种从众心理，就是要求既不出类拔萃，又不低于平均水平。这就会导致企业漠视消费者的权利、少数股东的权利、社区公众的权利等。这两种思想又对企业社会责任的实施产生了不良影响。

2. 企业社会责任实施“以人为本”，高度重视员工利益

这是日本企业社会责任实施中最为突出的部分。日本企业一般都实行终身雇用制及年功序列制，努力把企业变成员工的大家庭，关注员工的工作、生活以及个人价值的提升，不断为员工创造良好的工作生活条件，提升员工的满意度和对企业的忠诚度。然而，在日本，企业对外部社会责任的承担则很有限，对企业社会责任内涵和承担企业社会责任的认识还有待提高。

## 三、首都企业社会责任管理模式的构建

首都北京作为全国政治、文化和国际交流中心，其企业社会责任管理水平和绩效表现对全国企业具有示范、导向作用。完善企业社会责任实现机制和监管体系，对促进首都的经济社会发展、建设首善之区具有重要的意义。北京市应把企业社会责任作为地区增长战略的重要组成部分，并努力成为全国企业社会责任建设的示范区。根据目前北京经济社会发展现状及企业履行社会责任现状，应建立政府主导型的企业社会责任管理模式。

### (一) 首都企业社会责任管理目标

如图 6 - 2 所示，北京地区企业社会责任体系的构建不仅要考虑各利益相关方的需要，而且必须考虑首都地区经济社会发展现状，以及实现经济可持续发展和构建和谐社会的需要。此外，该体系应体现企业社会责任不同要素之间的关系，或者说要反映企业与社会之间的互相依存的关系。

1. 首都企业社会责任体系的建立

（1）促使企业合法经营。在企业与社会的和谐关系中，企业是政策和法律执行者、建设者和纳税人。企业通过自己的经营行为创造社会财富，因此其最基本的社会责任是合法经营，尽可能为社会创造更多财富，为国家和地方上缴更多的税费。

在与国家的关系中，企业是政策法律的执行者。坚持和维护社会主义制度是我国企业的重要社会责任。企业必须在党的路线、方针、政策允许的范围内依法开展各种生产经营活动。政府通过税收取得财政收入，以满足实现其职能的物质需要，如保卫国防、维护社会安定、发展教育卫生事业、进行科学研究、改善社会基础设施等。这些都是企业生存和发展所必需的外部基础条件。因此，企业必须依法纳税，以利于政府对这些方面的投资和建设。

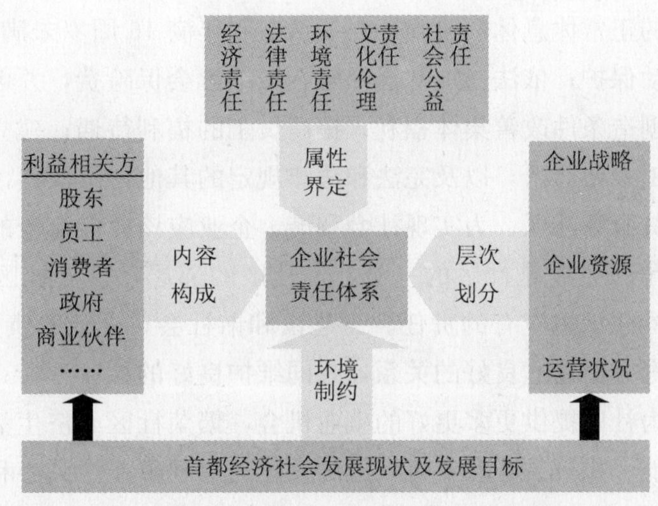


**图 6-2　构建首都企业社会责任体系的逻辑**

（2）爱护资源保护环境。爱护资源、保护环境是企业社会责任体系的核心内容之一。在与自然界的和谐关系中，企业扮演着摄取者、影响者和改造者的角色，就必须承担相应的责任。我国正处于经济快速发展时期，环境问题特别突出。现代社会企业生产经营的理念虽然发生了一些变化，但有害环境的行为仍然很多，其中最常见的是利己主义行为和短期行为。企业利己主义行为对环境的影响主要表现为，企业在生产过程中，只考虑自己的利润，而不考虑环境代价或环境成本，只要能产生一点点利润，即便消耗大量的资源也在所不惜。新形势下要求企业改变传统的经营哲学和经营理念，树立新的行为准则，特别是可持续发展观、整体观、公平与正义观。环境和资源是全人类共同的财富，任何个体对环境和资源的肆意枉为，对他人来讲，既不公平，也不符合正义的要求。作为对环境的直接影响者，企业从投入到产出的整个生产经营过程，有责任使任何形式的污染减少到最低限度直到消除污染。作为改造者，企业有责任治理、消除自身造成的污染；有责任美化生产经营环境；有责任结合自身生产经营特点就环保问题开发新产品，比如资源节约型产品，稀有资源替代型产品，污染治理型产品等；有责任结合自身经营活动去参与社会环保公益事业。

(3) 重视安全珍惜生命。在与员工的关系中，企业扮演用人者角色，企业与员工的关系是用人单位与劳动者之间的劳动关系。作为用人者，企业要确保安全生产所必需的资金投入，切实采取必要的安全生产和劳动保护措施，加强职工的上岗培训，努力改善职工的生产条件，尽量避免因安全事故而导致的死亡事件。因此，企业应当为员工提供良好的劳动安全卫生条件、提供平等就业的机会，依法制定工时制度，确保员工的正常休息休假时间；对女员工和年满 16 周岁未满 18 周岁的未成年男员工给予劳动保护；依法参加社会保险，缴纳社会保险费，并创造条件为员工建立补充保险；创造条件改善集体福利，提高员工的福利待遇；建立合理的内部管理制度，尊重员工人格尊严，以及宪法和法律规定的其他公民权利。

(4) 助弱济贫服务社区。为实现社会和谐，企业应该凭借自身的力量多做助弱济贫的好事和实事。企业是社区的一员，是社区的邻居，享受社区提供的种种条件，也就必须对社区承担应有的责任。为建设和谐社会，企业有责任与社区居民、政府、公共团体等方面建立良好的关系，共同维护良好的社区环境；有责任通过自身事业的发展，为社区提供更多更好的就业机会，繁荣社区经济生活；有责任根据自己的条件和可能，积极关心和支持社区的文化、福利事业，关心和主动赞助社区的慈善事业，关心和参与社区公益活动等；还有责任通过建设优秀的企业文化带动社区形成良好的社会风气，促进社区精神文明建设。应特别强调的是，企业有责任保护社区的生态环境，使企业职工和社区居民均能在正常的生态环境中工作、生活和学习。

(5) 树立良好的公众形象。企业的公众形象已成为 21 世纪企业经营与发展的新动力，被称为除人力、物力、财力之外的第四种资源。随着市场经济的发展，商品日益丰富，生活水平和教育程度的不断提高，当今消费者对产品及其生产企业的认识与选择，日益超脱于表面而更注重价值，消费者有充分选择自己喜欢的产品的自由，因而企业面对的是越来越有主见的个性化消费者。为此，企业一方面需要增强产品的差别化，另一方面还需要加强塑造企业公众形象，以“美好感”首先赢得消费者的心，让消费者熟知和牢记产品及企业，进而赢得他们对企业产品的选择，即以品牌价值的差别化来克服产品本身“物的趋同化”所造成的识别特征的模糊或丧失。企业公众形象的建立是一项战略手段而不是目的，最终要使企业的产品或服务得到社会公众的一致认同而乐于享用。

(6) 促使企业搞好与债权人及其他企业的关系。在与其他企业的关系中，企业

是竞争者、合作者、交易伙伴等角色。①企业与企业之间在许多方面存在着竞争。作为竞争者，企业有责任以正当方式参与竞争，不得采用假冒商标，擅自使用知名商品名称、包装、装潢、企业名称、他人姓名，伪造或冒用质量标志等手段损害竞争对手；不得采用低于成本价销售商品，限定他人购买等手段排挤竞争对手；不得进行贿赂以销售或者购买商品：不得利用广告或其他方法做虚假宣传，不得侵犯他人商业秘密；不得捏造、散布虚假事实损害竞争对手声誉；不得在投标中串通排挤竞争对手。有责任接受有关部门的监督检查，如实提供有关资料或者情况。②企业与企业之间在商品购销、建筑承包、加工承揽、货物运输、设备租赁、合资合作经营、技术转让、技术咨询和技术服务等活动中是一种伙伴关系、合作关系，双方或多方都扮演合作者的角色。作为合作者，企业的根本责任在于遵循平等互利、协商一致的原则，依法订立和全面履行协议和合同。为保障社会主义市场经济健康发展，保护合同当事人合法权益，维护和谐社会经济秩序。

（7）促使企业维护股东利益。作为受托经营者，企业的基本责任是实现股东投资的保值增值，这通常表现为利润和发展。股东希望获得合理的投资报酬，也希望企业发展扩大，因为企业规模扩大，从长远来看利润会增加，也意味着能为社会带来好处，有些股东投资的目的可能是出于对社会的关心，是为了向社会做贡献，因此企业发展能满足这部分股东的愿望。

要承担起对股东的上述基本责任，企业要充分尊重股东的基本权利：①投票选举董事会，并由董事会代表股东聘任或者解聘经理的权力；②根据持股份额对企业资产的所有权；③依法买卖转让股票（或出资）的权利；④获得股息和分享红利的权利；⑤了解企业经营政策和盈亏情况的权力；⑥企业解散时，分享剩余资产的权利；⑦按投入企业的资本额享有重大决策的权力。要确保股东权利的实现，企业有责任及时向股东通报企业的有关情况，包括：企业的经营项目、年度分配、新产品开发、销售预测、人事任免、机构调整、正常经营中的重大成果或严重失误；也有责任进行持续的股东调查，了解他们对经营状况的熟悉程度，广泛征求他们对企业的意见和建议。具体方式有：①召开年度或不定期的股东会议，直接获取反馈信息；②鼓励股东提出书面或口头建议；③及时回答股东的问题，并从中了解分析股东的态度和要求；④发函和访问，了解股东对企业政策的意见等。

2. 首都企业社会责任管理目标

（1）为推动首都地区企业社会责任的开展，需要针对以上社会责任要素制定具体的行动目标，并建议由政府牵头、企业代表、消费者代表以及来自非政府组织、新闻媒体、社区、研究机构等代表共同参与制定《2010—2015 年北京企业社会责任行动纲领》。此《纲领》应阐明首都地区企业建立社会责任体系的基本要求，推动企业承担社会责任的主要措施，以及要达到的主要目标。作为企业社会责任的监管者和推动者，政府可考虑设置以下目标，并作为监控的主要依据：

①达到诚信标准企业数量；

②建立完善企业社会责任体系的企业数量；

③定期发布企业社会责任报告的企业数量；

④劳动合同签订率；

⑤重大安全事故的数量；

⑥开展清洁生产第三方审计的企业数量；

⑦消费者满意度等。

（2）政府还应牵头制定并发布《北京市企业社会责任评价准则》，作为审核、评价企业社会责任体系、社会责任行为的依据或指南。在该准则中，应对企业社会责任体系构成、企业社会责任管理、企业社会责任监督、企业社会责任审计、企业社会责任信息披露等方面做出规定。

（3）在不同行业领域挑选出3～5家企业作为监管重点对象，通过加强对这些核心企业或大型企业的引导、监督、评价，进而推动整个地区的企业社会责任的实现。

（4）推动非政府组织的建设，加快建立充分发挥社会各界作用的参与机制，例如，可由政府部门、消费者协会、行业协会等共同发起设立“首都企业社会责任联盟”；大力支持行业协会、商会制定适合本行业的企业社会责任标准体系和公约。

## （二）首都企业社会责任管理模式的实现

要加强企业社会责任建设，就要在学习和借鉴包括美国、日本、欧盟在内的其他发达国家先进经验的基础上，再结合首都的实际情况，针对存在的突出问题，在分析其形成原因的基础上，制定出切实可行的措施。一方面，需要企业自身加强社会责任方面的建设，全面提高企业综合竞争力；另一方面，需要政府从宏观层面培育有利于企业履行社会责任的经济、法律、政策环境，推动企业健康、可持续发展，此外，还需要带动整个社会都来关注企业社会责任建设，形成多层次、多渠道的扶持、引导、管理与监督体系。

### 1. 基于政府层面的企业社会责任管理措施

企业是在一定的社会环境中发展和运作的，企业社会责任并不能完全靠企业家

自身的觉醒形成，政府对企业社会责任的推动、引导和扶持至关重要。政府主导推进企业履行社会责任，是解决经济社会生活中存在的诸多不稳定、不和谐难题，引导企业走上科学发展轨道的迫切要求。

（1）推动企业社会责任立法，完善企业社会责任法律体系

目前我国企业社会责任法制方面存在两大主要问题：一是没形成完备的法律体系，立法过于分散；二是现行法律规定过于原则，可操作性不强等。因此，强化企业社会责任，当从以下两个方面努力。

第一，立法机关应加快相关法律体系的建设，改变目前我国履行企业社会责任在有法可依方面过于分散和凌乱的现状。完善相应法律体系，改变目前企业社会责任隐而不彰的法律规定办法，在各个法律规范中明确树立企业社会责任的理念并使之系统化。首先，应继续修订《公司法》，将公司的社会责任写入公司法的宗旨与目的之中，摒弃单纯的股东利益至上的传统公司观念，确立公司自身利益与社会利益并重的二维架构。其次，可在公司法中单列一章，或最好是制定单独的《企业社会责任促进法》，对企业社会责任的定义、原则、种类、相关利益者、履行责任方式、社会责任信息披露、社会责任管理认证等做出相关规定。最后，在《公司法》搭建的制度平台上，辅以《环境保护法》《劳动法》《安全生产保护法》《消费者权益保护法》《税法》《捐赠法》等部门法，形成法律制度的合力，构筑企业社会责任的法制系统工程。

第二，加大责任处罚力度，处罚企业与处罚个人并重，适当加大个人处罚力度。当不承担社会责任所带来的成本远远低于企业得到的利润时，企业一定不会去自觉承担社会责任。因此，在企业社会责任立法的加强中，各部门法的配套修改一定要加大对损害社会利益行为的处罚力度。此外，我国企业法制的发展最初是要促进其从“企业办社会”的混沌走向权责分明的独立市场主体。以公司法为主的主体法设计中大都强调企业本身的独立性，相关制度配套中，也大都是在事故发生以后直接追究公司等企业法人的责任，对公司进行罚款，而造成事故的公司具体决策者和责任人却以法人为屏障，躲过了对自己的行为应承担的责任。随着市场经济体制的深化，法人独立人格的负面效应也逐渐凸显了出来，为此，在法律法规中应该明确让各种实际控制做出决策的人、直接负责的主管人员和直接责任人员受到比企业更重的处罚，加大法律威慑力。

（2）建立健全监督机制，强化各级政府对企业履行社会责任的监管

近年来，由于市场缺乏对企业的失信者及失信行为监督、惩罚机制，造成各经济主体的市场行为短期化，并争相效仿，甚至发生了劣驱逐良的行为，导致优良主

体退出市场或自动放弃市场。为了建立企业实施社会责任管理的监督机制，规范企业行为，建议政府应从以下几方面入手。

①继续完善企业信用相关制度

政府应出台优惠政策鼓励和扶持建立商业化的信用评估机构，调整各方利益，动员全社会参与企业信用市场的培育，最终建立起包括企业社会责任信用在内的全国性的企业信用市场，从而完善社会信用监督体制。政府有关职能部门应当尽快建立信息共享、联手打击破坏社会信用行为的联动机制，完善企业资信档案登记机制、规范资信评估机制，建立严密和灵敏的信用风险预警、管理和转嫁系统。

②充分发挥新闻媒体的作用，在全社会建立健全扶优限劣机制

在政府有关部门加大执法、监督、检查力度的同时，加强社会舆论的监督。建立社会公示制度，对任何企业拒绝履行其社会责任的行为，新闻媒体均可进行曝光，以监督企业履行社会责任的情况。同时，对积极履行企业社会责任、诚信经营、尊重劳工权益的企业，政府、新闻媒体和社会公众应对此予以大力支持和宣传，使企业能够切实地感受到诚实守信、积极履行社会责任是一种可以随时贴现的无形资产，从而进一步提高企业履行社会责任的积极性。

③金融机构将企业的社会责任履行情况引入客户评价系统

由于金融机构的生存压力比较大、考核指标多，一般又无法对贷后资金运作情况检查落到实处，所以，银行内部专家和咨询专家需要通过对客户提供信息的调查，了解并验证与客户履行社会责任有关的事实，从而进行投资风险评估，并决定是否对企业进行贷款、担保业务。通过这种安全检查机制，银行和保险公司便可以向客户施加压力，迫使其积极履行社会责任，改进其社会责任表现。

（3）建立符合中国国情的企业社会责任评价体系

国际上关于企业社会责任的评价多种多样，如道琼斯可持续发展指数、多米尼道德指数，《商业道德》杂志、《财富》杂志等都将企业社会责任纳入评价体系。我国也应该根据自己的国情，建立类似 SA8000 的认证标准或企业社会责任评估体系，把环境保护、促进经济发展、社会进步等方面的情况不仅纳入到对企业的评价体系中，同时也纳入到对地方政府的业绩考察当中去，加大环境指标、社会指标的权重，而不是一味地单纯看 GDP 的增长情况。我国企业要承担社会责任，增强国际竞争力，迫切需要一套新的企业社会责任评价体系，将可持续发展战略纳入其整体企业发展战略之中，政府在引导企业关注社会责任，致力于可持续发展方面，应积极发挥宏观政策指导的作用。我们应该综合考虑，结合我国有关机构、研究组织对社会责任管理体系的研究，同时，也要加大对相关机构研究的支持力度，制订出

一套切实符合我国国情的评价体系。

(4) 建立跨部门的领导协调机构

企业社会责任涉及工商、质检、基建、环保、土地、公益慈善等部门或机构，目前的状态是这些部门各自为政，削弱和影响了企业社会责任建设的进程，因此需要统一领导、分工明确。建议成立主管副市长领衔的企业社会责任建设领导小组，专门负责领导、协调本市的企业社会责任建设工作。企业社会责任建设领导小组下设企业社会责任建设办公室。

2. 基于企业层面的企业社会责任管理措施

企业社会责任管理要取得实质性进展，必须坚持“以人为本”的理念，将企业履行社会责任放在一个战略的角度上来对待，将社会责任标准融入到企业文化和企业管理体系之中，并把社会责任管理贯彻到企业管理的各个方面。

(1) 加强企业道德伦理建设，将社会责任的履行融入到企业文化之中。企业要获得长期健康发展首先要重视企业内部道德伦理体系的构建，同时在构建伦理道德体系的过程中将企业社会责任的行为融入到日常管理和日常行为中去，要用一种企业文化把社会责任吸纳进来，让企业的社会责任感自然地融入到企业文化之中，让企业自发承担起维护员工权益、保护环境、回馈社会的责任和义务，让员工自觉遵守企业伦理道德，承担社会责任。这就需要企业做到以下两点：首先，要提高企业的道德标准和道德目标，制定更高的产品质量检验标准、安全标准和环境标准，以使企业的管理者不断提高社会责任意识，从而提高企业道德建设的层次，塑造良好的企业形象。其次，在企业内部建设正确的道德判断标准，作为规范员工行为的管理制度，这样，当企业在经营过程中发生道德价值观与经营业务相冲突时，员工会自觉用这些标准来判断自己的行为，促使企业放弃利己行为和短期性行为。

(2) 倡导企业承担环境保护责任。环境保护是企业承担社会责任的核心内容之一。企业也只有在做好自身生产经营的基础上，主动承担起环境保护责任，保护环境不受危害，才能在社会中赢得公众支持。第一，企业要增强环境保护预防意识。要通过计划、规划及各种管理手段，采取防范性措施，从源头上削减污染，提高资源、能源利用率，减少对环境的污染和破坏。第二，企业要增强环境保护责任意识。企业所造成的环境损失及治理污染的费用应当由该企业承担，而不应转嫁给国家和社会。第三，企业要增强环境保护的法律意识。不仅企业相关管理人员要重视保护环境，而且包括股东、债权人、企业员工等在内的利害关系人都要自觉反对企业的环境违法行为，关注企业的环境信誉。

(3) 注重企业诚信精神的塑造。诚信是现代市场经济的生命，是企业从事生产经营活动的一个必备要素，是一种无形资产。一个成功的企业，卖给顾客的不仅是商品本身，往往还隐含着商品背后的文化。为此，企业在经营活动中应讲信用，认真履行合同，奉行“信誉高于一切”的道德准则，用信誉赢得商誉。只有坚持诚信为本，将诚信放在企业利润之前，才有可能实现企业可持续发展。企业诚信建设涵盖面很广，其中最基本的原则就是自觉遵纪守法、担负起企业应当担负的社会责任，这是企业诚信建设的前提。树立企业人本意识，培育员工守信是诚信建设的基础。企业讲诚信归根结底是看企业的职工有没有诚信意识，因此教育员工也是企业诚信建设的战略任务之一。打造良好的品牌形象，是企业诚信建设的关键。打造企业的品牌形象，要以信誉为支持，主要有三个方面的内容：一是提供货真价实的产品；二是要处理好企业之间的关系；三是提供优质服务，兑现服务承诺，增强企业诚信度、美誉度和亲和力。

(4) 将企业社会责任融入企业内部管理体系，设立专门的职能部门。欧美等国的企业为体现对社会责任的重视，确保企业社会责任管理落到实处，纷纷设立了伦理委员会、伦理热线，建立了伦理培训项目，把履行企业社会责任作为实现企业好公民形象的条件，有明确的计划、有专门负责部门、有一定的经费保障、有可操作的规范化的管理程序。我国在这方面显得非常薄弱，我们可以借鉴其他国家的经验，把督促企业社会责任的实施作为公司内部应有的一项职能，建立企业社会责任的管理体系，并设立专门的职能部门或由专人负责实施，在企业内部建立覆盖各经营单位、各职能部门的社会责任管理组织网络，任命责任人，明确规定其职能、职责和权限，依此来督导企业社会责任的实践，并向高层报告和提出改进意见，确保企业社会责任战略能顺利地落实，持续改进。

(5) 加强企业社会责任沟通，发布企业社会责任报告。企业要持续地与企业内外的利益群体沟通，以强化社会责任在企业战略制定和执行中的重要地位，并将社会责任政策和具体实践作为沟通的具体内容，保持并修正企业的社会责任实践行为。目前企业对外社会责任沟通最为普遍和有效的做法就是发布可持续发展报告和社会责任报告。发布社会责任报告是一个较为复杂的系统工作，需要做细致的准备工作，编制报告时应该遵循以下两个原则：第一，合理界定报告内容；第二，严格保证报告质量。

3. 基于社会层面的企业社会责任管理措施

加强企业社会责任建设，除了应该加强政府行政执法管理的“有形的手”之外，还要充分发挥政府和企业以外的社会各界的舆论监督，形成多层次、多渠道的管理与监督体系。

（1）理论界应加强企业社会责任的理论研究。理论是指导实践的武器，要加强我国的企业社会责任建设，促使企业较好地履行其社会责任，首先必须有比较成熟的、能被企业采纳的理论。而我国关于企业社会责任的理论研究才刚刚起步，因此，理论界应加强对企业社会责任的理论研究，为国家立法、为企业活动提供可靠的理论依据。理论界首先要明确目前中国企业社会责任的具体内容及重点内容，研究出符合中国国情的社会责任评价体系和披露机制，并为企业承担社会责任的方式做出指导。加强对SA8000的研究，积极制定应对策略。理论界不仅要加强理论研究，还要加快将理论应用于企业实践的速度，真正发挥出理论指导实践的作用。

（2）强化消费者对企业社会责任实践的监督作用。作为与企业密切相关的利益相关者，消费者应建立起绿色消费的概念，绿色消费即可持续消费。在发达国家绿色消费是促使企业履行社会责任的主要动因之一，绿色消费充分考虑消费者的权利，而消费者则利用自己的“货币选票”，以“拒绝购买”作为手段，同损害消费者利益的行为进行斗争，通过对企业施加外部市场压力来监督企业的信用，推动企业社会责任管理不断走向规范化。

（3）塑造具有人文道德精神的社会责任观。优良社会风尚的形成与来自政府的、个人的、群体的信念引导往往是相互促进的。社会风尚本身有一种潜移默化的功能，它能够使人们产生某种信念，或加强某种信念，或转变某种信念。而信念引导又会对社会风尚的培养产生积极作用，进而通过社会风尚的发扬对社会的资源配置发生作用。因此，我们要在全社会推广社会责任理念，提高广大人民“以人为本”的价值观，形成各社会成员相互支持合作、人人讲和谐、人人讲责任的新型社会文化。

# 参考文献

[1] 中国企业家调查系统．企业家对企业社会责任的认识与评价——2007 年中国企业经营者成长与发展专题调查报告［J］．管理世界，2007（6）：75－85.

[2] 赵曙明．企业社会责任的要素、模式与战略最新研究述评［J］．外国经济与管理，2003（1）：2－8.

[3] 厉无畏，虞震．企业社会责任：是机会还是限制［J］．上海企业，2005（11）：17－19.

[4] 王竹泉．利益相关者财务披露监管的分析框架与体制构造［J］．会计研究，2006（9）：35－41.

[5] 王碧峰．企业社会责任问题讨论综述［J］．经济理论与经济管理，2006（12）：72－76.

[6] 王玉强．中央企业履行社会责任问题研究［D］．武汉：华中师范大学，2014.

[7] BASU K，PALAZZO G. Corporate social responsibility：a process model of sense－making［J］．Academy of Management Review，2008，33（1）：122－136.

[8] SCHWARTZ M，CARROLL A. Corporate social responsibility：a three domain approach［J］．Business Ethics Quarterly，2003，13（4）：503－530.

[9] ARCHIE B. CARROLL. A three-dimensional conceptual model of corporate performance［J］. The Academy of Management Review，1979（4）：207－210.

[10] GEVA A. Three models of corporate social responsibility：Interrelationships between theory，research and practice［J］．Business andSociety Review，2008，113（1）：1－41.

[11] 赵曙明．企业社会责任的要素、模式与战略最新研究述评［J］．外国经济与管理，2009（1）：2－8.

[12] 金立印．企业社会责任运动测评指标体系实证研究——消费者视角［J］．中国工业经济，2006（6）：114－120.

［13］朱立龙，尤建新．企业社会责任指标体系的构建及评价研究［J］．中国工业经济，2005（9）：99－105.

［14］周祖城，王旭，韦佳园．中国企业社会责任信息披露的现状分析与对策思考［J］．中国软科学，2007（4）：83－86.

［15］沈洪涛．公司特征与公司社会责任信息披露［J］．会计研究，2007（3）：9－16.

［16］李正．构建我国企业社会责任信息披露体系研究［J］．经济经纬，2006（6）：56－59.

［17］王竹泉．利益相关者财务披露监管的分析框架与体制构造［J］．会计研究，2006（9）：35－41.

［18］GRAY R，R KOUHY，S LAVERS. Corporate social and environmental reporting：a review of the literature and a longitudinal study of UK disclosure. Accounting［J］. Auditing and Accountability Journal，1995，8（2）：47－77.

［19］HOFFMAN A J. Institutional evolution and change：environmentalism and the US chemical industry［J］. Academy of Management Journal，1999，42（4）：351－371.

［20］BOWEN F E. Environmental visibility：a trigger of green organizational responsiveness［J］. Business Strategy and the Environment，2000，9（2）：92－107.

［21］MCCABED M. Global labor and worksite standards：a strategic ethical analysis of shareholder employee relations resolutions［J］. Journal of Business Ethics，2000，23（1）：101－111.

［22］YAMAGAMI T，KOKUBU K. A note on corporate social disclosure in Japan［J］. Accounting，Auditing and Accountability Journal，1999，4（4）：32－39.

［23］陈留彬．我国企业社会责任的治理及实现［J］．东岳论丛，2006（1）：78－80.

［24］林晓飞，郑文哲．中国企业社会责任管理系统之协同思考［J］．经济与管理，2007（8）：56－59.

［25］陈迅，韩亚琴．企业社会责任分级模型及其应用［J］．中国工业经济，2005（9）：99－105.

［26］陈志昂，陆伟．企业社会责任三角模型［J］．经济与管理，2003（11）：60－61.

［27］曹素璋．企业社会责任与公司治理［J］．贵州工业大学学报：社会科学

版，2004（6）：3－25.

[28] 赵连荣．我国企业社会的演变与趋势［J］．管理研究，2005（2）：7－8.

[29] 李正．企业社会责任与企业价值的相关性研究——来自沪市上市公司的经验证据［J］．中国工业经济，2006（2）：77－83.

[30] 韵江，高良谋．公司治理、组织能力和社会责任——基于整合与协同演化的视角［J］．中国工业经济，2005（11）：103－110.

[31] 鞠芳辉，谢子远，宝贡敏．企业社会责任的实现——基于消费者选择的分析［J］．中国工业经济，2005（9）：91－98.

[32] 常凯．论企业社会责任的法律性质［J］．上海师范大学学报：哲学社会科学版，2006（5）：36－43.

[33] 周延风，罗文恩，肖文建．企业社会责任行为与消费者响应——消费者个人特征和价格信号的调节［J］．中国工业经济，2007（3）：62－69.

[34] 刘斌，王杏芬，李嘉明．实施企业社会责任创新战略的模型分析［J］．科技进步与对策，2007（4）：111－115.

[35] 黄文彦，蓝海林．基于三底线战略的我国企业社会责任管理思路［J］．商业时代，2006（24）：53－54.

[36] 吴凡，李洪会．企业社会责任分层激励机制法律探索［J］．商场现代化，2007（5）：287－288.

[37] 吴凡．企业社会责任法律化范畴的思考［J］．煤炭经济研究，2003（2）：79－80.

[38] 金立印．企业社会责任运动测评指标体系实证研究——消费者视角［J］．中国工业经济，2006（6）：114－120.

[39] 王碧峰．企业社会责任问题讨论综述［J］．经济理论与经济管理，2006（12）：72－76.

[40] 袁渊，袁蕴．企业社会责任与企业可持续发展的战略关系［J］．集团经济研究，2007（7）：75－76.

[41] 万莉，罗怡芬．企业社会责任的均衡模型［J］．中国工业经济，2006（9）：118－124.

[42] 朱锦程．全球化背景下企业社会责任在中国的发展现状及前瞻［J］．中国矿业大学学报，2006（1）：85－89.

[43] 陈立勇．企业的利益相关者、绩效与社会责任［J］．湖南社会科学，2002（6）：67－70.

[44] 徐尚昆．企业社会责任概念范畴的归纳性分析［J］．中国工业经济，2007（5）：71－78.

[45] 李碧珍．我国企业社会责任缺失现状分析［J］．福建经济管理学报，2006（4）：77－80.

[46] 王大超．中国企业社会责任现状与提升措施［J］．北方论丛，2005（2）：142－144.

[47] 陈留彬．中国企业社会责任理论与实证研究——以山东省企业为例，山东大学博士学位论文［D］．山东大学，2006.

[48] 赵琼．企业社会责任和政府职责［J］．企业文化话题，2004（8）：13－17.

[49] 王成．我国企业社会责任的现状与对策［J］．延安大学学报，2005（10）：72－73.

[50] 阳秋林．中国社会责任会计信息披露模式的架构［J］．当代财经，2005（6）：121－124.

[51] 李忠．略论企业社会责任会计及其体系［J］．商场现代化，2007（9）：374－375.

[52] 舒强兴，王红英．企业社会责任信息披露问题的探讨［J］．财经理论与实践，2006（6）：114－116.

[53] 龚明晓．论企业社会责任信息披露的责任与道德［J］．财会通讯，2007（2）：83－85.

[54] 李正．企业社会责任信息披露影响因素实证研究［J］．特区经济，2006（8）：324－325.

[55] 张丽华．谈企业社会责任信息的披露［J］．财会月刊，2006（1）：8－9.

[56] 杜中臣．企业的社会责任及其实现方式［J］．中国人民大学学报，2005（4）：39－46.

[57] 单忠东．企业社会责任认识的十大误区［N］．中华工商时报，2006－09－01.

[58] 席建国．论中国企业的社会责任［J］．上海企业，2006（11）：29－30.

[59] 厉无畏，虞震．企业社会责任：是机会还是限制［J］．上海企业，2005（11）：11－19.

[60] 卢东，寇燕．基于消费者视角的企业社会责任综合解析［J］．软科学，2009（3）：99－103.

[61] 刘志国．我国企业履行社会责任存在的问题原因及对策［J］．中国管理信息化，2010（6）：107－109.

[62] 王晶晶，杨洁珊．企业家社会责任研究现状及未来展望［J］．河南工业大学学报：社会科学版，2010（3）：35-39.

[63] 谢峰．我国企业社会责任缺失的原因及对策分析——以中国古典管理思想为参照［D］．华中师范大学，2012.

[64] 张玉爽．企业家社会责任认知，企业社会行为与企业绩效的关系研究［D］．吉林大学，2011.

[65] 王旭．中国企业社会责任缺失现象研究——以山西省煤炭企业为例［D］.湖北工业大学，2011.

[66] 沈蓓蕾．企业家社会资本认知、企业社会责任行为与企业绩效关系的实证研究［D］．杭州：浙江理工大学，2014.

[67] 吴际．企业社会责任与可持续发展的相关性研究［D］．北京：北京交通大学，2013.

[68] 刘建花．消费者响应企业社会责任的内在机理研究［D］．济南：山东大学，2014.

[69] 孟繁富．消费者视角下的企业社会责任研究［D］．济南：山东大学，2012.

[70] 申盼．企业社会责任活动对消费者责任归因的影响［D］．大连：东北财经大学，2013.

[71] CARROLL A B A. Three-dimensional Conceptual Model of Corporate Performance［J］. The Academy of Management Review，1979.

[72] DAVID L ENGEL. An Approach to Corporate Social Responsibility［J］. Stanford Law Review，1979.

[73] FREEMAN R E. Strategic Management：A Stakeholder Approach［M］. Boston：Pitman，1984.

[74] JONES T. Instrumental stakeholder theory：A synthesis of ethics and economics［J］. Academy of Management Review，1995.

[75] KOGUT B，KULATILAKA N. Options thinking and platform investments：Investing in opportunity［J］. California Managernment Rewieve，2002.

[76] LOGSDON J M，WOOD D J. Business Citizenship：From Domestic to Global Level of Analysis［J］. Business Ethics Quarterly，2002.

[77] MAIGNAN I，FERRELL O C. Antecedents and Benefits of Corporate Citizenship：an Investigation of French Business［J］. Journal of Business

Research, 2001.

[78] MOHAN A. Corporate Citizenship: Perspectives from India [J] . The Corporate Citizenship Journal, 2001.

[79] MOON J. Government as a Driver of Corporate Social Responsibility: The UK in Comparative Perspective [R] . In: Paper Presented at the Academy of Management Meeting, New Orleans, 2004.

[80] POST J E, BERMAN S L. Global Corporate Citizenship in a Dot. com World: the Role of Organization Identity [R] . In J. Andriof & M. McIntosh (eds.) Perspectives on Corporate Citizenship. Sheffield, UK: Greenleaf Pub, 2001.

[81] PENROSE E. The theory of the growth of the firm [M] . Oxford: Journal of Business Ethics, 2001.

[82] ROWLEY T, MOLDOVEANU M. When will stakeholder stakeholder groups act An interest and identity - based model of stakeholder group mobilization [J] . Academy of Management Review, 2003.

[83] SIMON H. A behavioral model of the rational choice [J] . Quarterly Journal of Economics, 1955.

[84] STAW B. Tge escalation of commitment to a course of action [J] . Academy of Management Review, 1981.

[85] SA8000 标准认证 . http: //www. isoyes. com/xiazai/List _ 48. html/, 2007 年 7 月 21 日下载 .

[86] United Nations Global Compact. http: //www. unglobalcompanct. org/, 2007 年 8 月 5 日下载 .

[87] FROOMAN. Stakeholder influence strategies [J] . Academy of Management Review, 1999.

[88] BASU K, PALAZZO G. Corporate social responsibility: A process model of sense - making [J] . Academy of Management Review, 2008, 33 (1): 122 - 136.

[89] 卡罗尔 . 企业与社会：伦理与利益相关者管理 [M] . 黄煜平，等，译 . 北京：机械工业出版社，2004.

[90] Corporate Citizen. http: //baike. so. com/doc/6848720. html, 2013 年 7 月 5 日下载 .

[91] 殷格非，张锡安，袁明照 . 瑞典：将企业社会责任提升到国家竞争力 [J] . WTO 经济导刊，2009 (1) .

［92］亚洲的消费者保护法和赔偿机制．http：//www.110.com/ziliao/article-201660.html，2013年8月30日下载．

［93］段文，刘善仕．国外企业社会责任研究评述［J］．华南理工大学学报，2007（6）．

［94］安德鲁·吉耶尔．企业的道德：走进真实的世界［M］．张宵，译．北京：中国人民大学出版社，2010.

# 附录

## 附录一 我国企业社会责任管理综述

随着经济全球化的快速发展和我国改革开放的不断深入，兴起于西方国家的企业社会责任运动已经对我国经济社会发展产生了影响，并在近几年引起社会各界的广泛关注。一方面，外国组织在中国选择供应商或合作伙伴时普遍把企业社会责任表现作为重要的评价依据；另一方面，在我国国民经济快速发展的同时，侵犯员工和消费者合法权益、忽视环境保护、过度消耗自然资源、滥用垄断权力等问题变得越来越严重，社会和谐和可持续发展能力受到一定破坏。因此，要提升我国企业综合竞争力，培育合格市场主体，要建立和谐社会和落实科学发展观，必须尽快建立我国企业社会责任管理和实现机制。然而，目前社会各界在如何认识和对待企业社会责任问题上并未达成共识，政府缺乏对企业承担社会责任的政策引导和相关法律法规，企业缺乏承担社会责任的意识、积极性，社会公众也缺乏对企业社会责任的正确评价和舆论导向。因此，如何推动企业在创造巨大物质财富的同时，自觉承担起企业社会责任，建立起相对完善的实现企业社会责任的机制和模式，已成为我国社会各界面临的新的历史性课题。北京市作为全国首善之区和环渤海经济圈的核心城市，理应在企业社会责任的研究和监管上走在全国前列，以适应首都社会经济不断发展的需要。

### 一、企业社会责任的含义和体系构成研究

#### （一）关于企业社会责任的含义

虽然经过国内、国际论坛的多次讨论，但关于企业社会责任目前并未形成统一的认识。一部分国内学者或机构借鉴西方国家普遍流行的认识来定义企业社会责任的概念，即企业在创造利润、对股东利益负责的同时，还应承担对员工、消费者、

自然环境、社区等利益相关者的责任。例如，朱锦程（2006）认为，在市场经济条件下，企业社会责任是指企业依法追求经济利益时，在政府的监管下通过对企业利益相关者承担相应的责任和义务，获得良好的品牌形象和社会赞誉，实现企业和社会的共同可持续发展，同时也实现了企业的和谐发展和社会利益的双赢。此外，也有一些学者提出了自己独特的见解。

邓健（2005）认为，可以从三个不同的层面认识企业社会责任。最狭义的含义是指企业在经营过程中应承担的赚取利润的经济责任和遵守法律法规的法律责任；中观层面的含义是指企业在经营过程中除了承担为股东赚取利润的经济责任和法律责任外，还应承担对员工、消费者、社区、客户、政府等利益相关者的责任；广义的企业社会责任不仅包括经济责任、法律责任和中观层面的企业社会责任，而且泛指企业在经营过程中应当承担并且能够承担的一切社会责任和符合道德的行为。邓健认为，目前学术界多采用中观层面的概念，但现在有向广义概念延展的趋势。

张文魁（2006）认为，与跨国公司相比，我国企业规模较小，赢利能力还较弱，承担过多的社会责任会影响企业的发展，甚至影响到企业的生存，因此，企业社会责任还是应还原企业的本来面目，即企业做好企业本应做的事情就是履行了企业社会责任。企业社会责任首先体现在以下两个方面：一是生产质量好、技术先进的产品，从而树立良好的品牌，把企业做大做强；二是由于能源的不可再生性，企业的社会责任越来越体现在节约能源和环境保护上。

单忠东（2006）认为，在对企业社会责任认识上存在着十大误区：一是能够创造就业机会、照章纳税就是履行社会责任了；二是慈善捐助就是履行社会责任；三是社会责任主要应由政府承担；四是企业社会责任只是大企业的事而小企业还没有实力承担社会责任；五是企业社会责任是民营企业的事；六是企业社会责任是国有企业的事；七是企业社会责任与企业战略发展无关；八是履行社会责任会增加企业的负担和成本；九是社会责任是舶来品不符合中国国情；十是企业社会责任只是一种义务而且有回到过去“企业办社会”的危险。

刘志国（2010）认为，有些企业家要么对企业社会责任感到陌生，不知道企业社会责任为何物；要么觉得只要是合法经营、依法纳税等就是履行了社会责任，而没有认识到企业处在广泛的社会关系中，除了与股东有显性契约关系之外，还与利益相关者存在隐性契约关系（譬如保护环境、慈善事业）；没有认识到企业除了应该考虑如何为自己创造利润，同样应该考虑其行为对其他利益相关者的影响，努力协调有关利益关系。

## （二）关于企业社会责任体系构成

陈迅（2005）认为，根据社会责任与企业关系的紧密程度可以把企业社会责任分为三个层次：一是基本企业社会责任，内容包括对股东负责、善待员工；二是中级企业社会责任，内容包括对消费者负责、服从政府领导、处理好与社区的关系、保护环境；三是高级企业社会责任，内容包括积极慈善捐助、热心公益事业。

杜中臣（2005）认为，企业社会责任的内容可以按不同的标准进行分类。就企业承担社会责任的性质来说，企业社会责任可分为绝对社会责任和相对社会责任，绝对社会责任是企业从事经营或管理活动所必须遵守的伦理底线，是其最低的义务要求，它主要指对人的责任。相对社会责任是一种有条件的责任形式，例如，对社会和整个人类的责任、尊重员工自由结社和集体谈判的权利等。

徐尚昆（2007）认为，现有的企业社会责任概念及其体系构成都是西方学者用西方企业样本在西方文化背景和特定制度安排下得来的，因此，应积极探索符合中国社会文化背景和制度安排的企业社会责任体系。通过归纳性研究，徐尚昆得出中国 CSR 的 9 个维度，即经济责任、法律责任、环境保护、客户导向、以人为本、公益事业、就业、商业道德、社会稳定与进步。其中，就业、商业道德、社会稳定与进步是中国特有的企业社会责任维度。

# 二、从多角度对企业社会责任的研究

## （一）企业社会责任与经营绩效的关系

许多实证研究表明，企业社会责任与经营绩效之间有密切关系，但一方面由于在研究问题时选择的时间框架不同，另一方面企业所承担社会责任在定量上没有进行明确的区分，因而实证研究得出的结论往往存在矛盾。

陈留彬（2006）总结出关于企业社会责任与经营绩效之间关系的三种观点，其中，第一种观点认为对社会负责任的企业的赢利能力是最强的；如普雷斯顿和奥班农仔细分析了美国 67 家大公司 1982—1992 年的有关数据，得出了对美国大公司而言，企业社会表现和财务绩效之间存在正相关关系，但这些研究的结果不是方法上存在一定缺陷，就是所确立的正相关关系还不够清晰。第二种观点认为，企业的财务绩效对企业的社会责任表现起推动作用，也就是说在企业营业收入可观时，企业有较好的社会责任表现，社会责任表现和财务绩效之间的相关关系可以通过积极的协同作用得以加强。第三种观点认为，企业的社会责任表现、财务绩效和企业声誉这三者之间是相互影响的，由于它们之间密切相关，很难确定哪一个因素影响最大。陈留彬认为，上述三个观点都主张企业的社会表现起着重要作用，证明企业社会责任与财务绩效有正相关关系，这一动机是良好的，但是，因影响企业财务绩效的因素太多，这类研究要得出确切的结论是很困难的。

陈立勇、曾德明（2002）通过研究表明，企业利益相关者管理与经济绩效之间存在显著的正相关关系，而企业参与社会事务的程度与企业的经济绩效之间则呈明显的负相关关系。

王大超、张丽莉（2005）认为，虽然企业承担社会责任必然会导致企业成本的增加，这与企业追求利润最大化的目标相矛盾，但是，企业的社会责任与经济绩效之间存在正相关关系。一方面，企业承担对内部员工的责任，会提高员工的归属感与忠诚度，使员工富有创新的激情，促使企业最终获得成功的商业运营。另一方面，企业对外部社会责任的承担不仅有助于整个社会整体责任感的提高，而且能为企业自身长远发展奠定基础。

张玉爽（2011）认为，长期以来学者在研究企业履行社会责任和企业绩效关系中，发现企业的社会责任行为与企业绩效有着紧密的联系。因此，企业如何承担社会责任才能为企业带来收益，是各界重点关心的议题。企业家作为企业的领导者、企业战略决策的制定者、企业前进方向的领军人物，他们对企业的未来发展起着至关重要的作用。他们对企业社会责任的认识程度，必然会对企业采取的社会责任行为产生影响，进而影响企业的绩效。

沈蓓蕾（2013）认为，企业家社会资本认知影响企业绩效，并探讨了企业家社会资本认知、企业绩效和企业社会责任之间的影响效应，建立三者之间关系模型。

## （二）企业社会责任与企业竞争力的关系

王大超、张丽莉（2005）认为，在全球经济飞速发展的背景下，获取竞争优势资源已成为一种常态的竞争行为。企业要想在国内、国际竞争中立于不败之地，必须具有标新立异的竞争资源，而社会责任就是一种可降低环境风险、增强竞争力的新的国际竞争力资源。实践证明，越来越多的消费者和经销商只会从负担社会责任的供应商和生产者处购买产品。明确社会责任可以改善企业与公众、企业与政府及企业与民间组织的关系，进而赢得政府的支持，吸引更多的社会优质资源，从而为企业的可持续发展创造条件。

## （三）企业社会责任与企业价值的关系

李正（2006）在企业社会责任与企业价值的相关性研究中表明，从目前看，企业承担社会责任越多，企业价值越低；但从长期看，根据关键利益相关者理论与社会资本理论，承担社会责任并不会降低企业价值。研究还表明资产规模、负债比率、重污染行业因素与企业承担社会责任活动显著正相关；财务状况或其他状况异常的上市公司前一年的赢利能力与企业承担社会责任活动显著负相关。

## （四）企业社会责任与公司治理

目前国内学者对企业社会责任和公司治理由两种不同的观点：

刘连煜（2001）认为：①企业社会责任基本上是一个道德性的抽象概念，要具体落实到企业或公司的治理环节中；②主张企业应承担社会责任，但不赞成目前即刻采取相关利益者参与公司治理的做法。

曹素璋（2004）认为，关注企业社会责任能为公司治理带来新兴力量，因为两者之间并非二元对立关系，而是存在相关的关系，履行企业社会责任为公司提供的利益足以补偿其付出的成本。同时作者还提出，经济实体只是企业本性一个方面的描述，企业更是一个社会实体。

韵江、高良谋（2005）主张将公司治理、组织能力和社会责任从整合与动态的视角进行协同、融合，因为三者都与企业的价值和财富运作机制紧密相关，是保持企业创造的价值财富得以保障并获得永续发展的关键。

卢代富（2002）认为要落实企业的社会责任，一方面要让利益相关者参与公司治理，但对如何治理缺乏进一步的分析；另一方面要营造与企业社会责任相适应的公司运作外部市场环境，从而使市场既充分释放其作为资源配置基本手段的功用，尽可能地为企业社会责任提供适宜的生存空间，以此让市场与企业社会责任在各自作用最大化的基础上达到和谐与均衡。

## （五）企业社会责任与消费者

1. 消费者响应

周延风、罗文恩、肖文建（2007）认为，企业社会责任行为与消费者响应之间有复杂的关系，其中有一项就是受到消费者个人特征（如消费者是否支持企业社会责任行为）的影响。作者研究表明，当企业积极保护周边环境或者给予员工人性化的关怀时，消费者对其产品质量也更加信任与放心，即消费者倾向于购买那些积极承担社会责任的企业的产品。

刘建花（2014）认为，企业社会责任感知和社会情境是消费者响应企业社会责任的主要影响路径。其中责任消费观念、社会参照规范和利益感知的影响较大。因而从企业层面来看，企业应以消费者响应为基点，有效推进战略性企业社会责任。

2. 消费者选择

鞠芳辉、谢子远、宝贡敏（2005）认为，目前企业社会责任的观念在我国正在经历一个逐渐觉醒的过程，即公众的企业社会责任意识还不足以对企业形成足够的压力，要想使公众的社会责任意识转换成消费行为选择，进而转化为企业承担社会责任的内在动因，还需要一些时间。此外作者还提出，由于我国目前的城乡差距、贫富差距还十分明显，在部分地区、人群中，公众的社会意识转换为消费行为选择已经实现。

金立印（2006）通过对企业社会责任运动测评指标体系实证研究，指出目前从消费者角度来分析企业的社会责任运动的工作开展得较少，同时还指出消费者在企业的生存和发展中将起到越来越重要的作用。保护消费者权益和自然环境、投资部分利润来回馈社会、积极参与社会公益事业并勇于承担经济责任的企业，更容易获得消费者的信赖和认同。

孟繁富（2012）认为，在消费者看来，企业最应该践行的社会责任是慈善与社会公共责任，其次是顾客与商业伙伴责任，再次是员工发展责任与产品责任，最后依次是环境责任、竞争者与供应商责任、员工基本责任、股东责任。消费者的社会责任意识正逐渐增强，而企业也应该努力践行企业社会责任。

3. 企业社会责任动机与消费者归因

卢东、寇燕（2009）以归因理论（Attribution theory）和期望一致性模型（Disconfirmation of expectations model）综合解析消费者对企业社会责任行为的反应，并构建了消费者对企业社会责任行为的反应模型。消费者对企业社会责任行为

的归因存在两种不同的动机判断——利己与利他，当消费者更多地归因为利他动机时，其感知的企业社会责任会更强；而当消费者更多地归因为利己动机时，其感知的企业社会责任会更弱。同时，消费者感知的企业社会责任会受期望的正向影响，消费者期望越高，感知的企业社会责任越强。但期望一致性却受期望的负面影响，受感知社会责任的正面影响。

申盼（2013）认为，将企业社会责任引入对消费者责任归因的研究中，发现了企业社会责任的“晕轮效应”，即危机发生之后，消费者会对积极承担社会责任的企业做出利于正面的归因，进而减少对企业的责备。

## （六）企业社会责任与企业战略

聂裕玲（2007）认为，应当把企业履行社会责任作为一种企业的战略选择。将履行社会责任的经营理念贯穿在企业采购、研发、生产、销售以及市场服务等价值链的各个环节。通过履行社会责任提高企业的内在竞争力，塑造良好的企业文化和品牌形象，更加有效地整合各种资源，创造优良的内外部环境，从而打造企业的社会责任竞争力，获取竞争优势，谋求长远、持续的战略利益，保证企业的可持续发展。

王晶晶和杨洁珊（2011）认为，企业家的个人特征、认知基础和价值观影响企业社会责任行为，企业家对于企业战略制定有很重要的作用。

## （七）企业社会责任与可持续发展

袁渊、袁蕴（2007）认为，企业社会责任的首要目标是可持续发展，可持续发展与企业社会责任在内涵上是一致的。一方面来讲，可持续发展的重要部分就是环境保护，避免企业将成本外部化，污染环境。另一方面来讲，企业社会责任的履行主要体现在企业追求利益最大化的同时坚持以人为本，注重生态环境保护和社会公益事业。

刘斌、王杏芬、李嘉明（2007）提出从自主创新的角度入手来实现可持续发展。本书作者的观点是在袁渊、袁蕴的基础上具体化，提出可持续发展的核心是创新，进一步提出开展自主创新，实现可持续发展的竞争优势。

吴际（2013）认为，企业履行技术责任、政府责任和对投资者的责任对可持续发展有显著的正相关影响。企业履行人本管理责任、产品和服务责任及环境责任对可持续发展有微弱的正向影响。总体来说企业履行社会责任对可持续发展有正向作用。

## (八) 企业社会责任的标准化

龙一平（2006）提出在提倡“可持续发展”“以人为本”的今天，在体现“和谐”的文化取向和价值观念时，我国企业必须要承担相应的社会责任。SA 8000 的出现，让一些企业意识到，在市场经济运行的背后，还有一种力量，那就是道德与责任。目前，一些企业没有取得认证或存在违反标准要求的行为，就会被停单、撤单。因此，SA 8000 的实行，将为我国市场提供一个建立完善企业的社会责任管理机制的良好契机。

## (九) 企业社会责任的信息披露

舒强兴、王红英（2006）认为，企业信息披露是为了使利益相关者了解企业是否履行了社会责任必须完成的一项工作。作者也意识到我国企业社会责任信息披露还处在初级阶段，因此提出，在进行企业社会责任信息披露时，应披露能源利用、环境保护、职工利益等方面的内容，并在年报附注中披露企业社会责任信息，编制企业社会责任白皮书等。

龚明晓（2007）认为，企业社会责任信息披露既有责任问题也有道德问题。作者把企业社会责任的信息披露划分为：强制性披露、自律性披露和自愿性披露三个层次，以此得出对企业社会责任信息披露的监管应该相应地采取弹性机制。

李忠（2007）认为，企业社会责任会计即如何用会计特有的技术和方法，对企业经济活动的社会效应进行计量和报告，以使企业在追求经济利益的同时兼顾社会利益。企业社会责任会计的建立和发展，促使企业从整个社会的利益出发进行分析决策，为提高资源利用率、环境保护、提高劳动者素质和产品质量、发展社会公益事业、完善社会福利保障体系提供可行的办法。

阳秋林（2005）认为，企业社会责任会计信息披露的目标是：“计量和报告企业各项社会责任的履行情况，使会计可以同时为各有关社会部门提供有用的会计信息。”作者提出架构我国企业社会责任会计信息披露模式应以传统的三大会计报表为核心，即社会资产负债表、社会利润表和社会现金流表。

李正（2006）针对企业社会责任信息披露的影响因素进行实证研究，得出资产规模、负债比率、重污染行业因素与企业的社会责任信息披露显著正相关；净资产收益率、ST 类公司与 CSR 信息披露显著负相关。

张丽华（2006）认为，企业社会责任信息的披露不仅有助于各利益相关者从社会视角来评价一个企业的业绩，而且有助于企业减少政府控制及其干预所增加的经济成本，增加决策的灵活性，保持企业的竞争优势并获取长期的利润。作者对我国开展企业社会责任信息的披露提出了一些建议：提高企业的社会责任意识，培养企业主动披露的习惯；制定相应的会计准则和会计制度，规范社会责任信息披露的内容和格式；坚持强制披露与自愿披露相结合的原则。

## 三、多学科视角下的企业社会责任研究

由于企业社会责任问题产生的历史背景比较复杂，有其自身的经济社会基础，因此，经济学、法学、社会学、管理学等不同学科背景的学者从不同的视角对企业社会责任进行了研究，并呈现了鲜明的多学科交叉的特点。

### （一）企业社会责任的经济学分析

企业首先是一种经济组织，它是运用资本进行经营的单位，具有独立的经济利益，因而，在分析企业的社会责任时首先要考察企业的社会责任与企业的经济效益的关系。

### （二）企业社会责任的社会学分析

社会是一个有机整体，企业则是构成这个有机整体最基本的单元，同时，企业又是一定社会中的企业，不能脱离社会而孤立地存在，企业与社会的这种对应统一的关系，决定了它们之间的相互作用、相互影响，同时又受到各自发展规律的制约。

### （三）企业社会责任的法学分析

在法律所调整的社会关系中不同的部门法往往有着不同的利益调整对象，或者

利益上虽有交叉，但其侧重点各不相同。

吴凡（2005）主张企业社会责任法律化，认为法律化对企业发展具有一定的促进作用，如有利于市场经济的发展、增强与国际社会的融合等。但同时作者也意识到并不是每一个问题都可以法律化，对其范畴要慎重思考，因为有些责任是归于道德层面的，作者认为将道德层面法律化是社会责任管理的一种退化。

常凯（2006）认为，企业社会责任的本质就是企业对于社会所应承担的法律责任。从职责范围的角度来说，主要是指企业对于环境保护所应当承担的责任，以及企业内部劳动关系调整和劳工权益的实现所应当承担的责任。作者认为要保证企业社会责任的健康发展，必须将企业社会责任纳入劳动法制轨道。

### （四）企业社会责任的管理学分析

企业社会责任是多学科交叉研究的热点问题。不仅从经济学、社会学、法学等角度对其进行了大量的研究，还可以从管理学的角度进行研究，企业社会责任已发展成为现代企业管理不可回避的问题。因此，从管理学角度对企业社会责任与企业战略、企业社会责任与市场营销、企业社会责任与人力资源管理、企业社会责任与利益相关者管理、企业社会责任与企业生命周期及经营状况、企业社会责任与市场结构及经济制度之间的关系进行研究，对于推动企业社会责任运动具有重要的意义。

谢峰（2012）从管理哲学，特别是中国传统管理智慧的理论视角，分析中国企业社会责任缺失原因及探寻相关对策的专题研究。在明确企业社会责任的概念源起、内涵和演变过程的基础上，通过考察中国传统哲学中儒家、道家、法家的管理智慧和相对于西方管理理论的优越性、适用性，结合中国企业社会责任缺失的现实表现，分析企业社会责任缺失的原因，进而提出以中国传统管理智慧为思想导向的一整套解决方案，并指出该方案的理论和实践意义。

## 四、企业社会责任的研究方法和模型

### （一）关于研究方法

陈留彬（2006）认为，对不同的企业类型（国有企业和非国有企业）和不同的

文化背景下的企业社会责任问题进行研究可以运用多种研究方法，包括规范分析方法、实证分析方法、比较分析方法、案例分析方法等。

1. 规范分析方法

对企业社会责任问题的研究离不开一定的价值判断，通过回答是什么和应该怎样，来提供我国企业社会责任规范和治理的对策。

2. 实证分析方法

实证研究主要是通过问卷调查及案例分析进行的，通过对企业社会责任与企业行业、经济性质、企业规模、经营绩效、董事会结构等进行相关性分析；通过调查问卷获得一手数据，再运用统计处理软件对理论分析的结果进行验证，并对实证结果做出合理的解释。

由于企业社会责任根植于社会文化、法律等制度环境，而很难从其企业背景中抽象、分离出来，因此，对企业社会责任进行案例研究不失为一种行之有效的研究方法。

3. 比较分析方法

利用比较分析的方法，可以对同类相关事物的异同、优劣做出判断，并以我国的企业社会责任与国外的企业社会责任进行深入细致的比较，通过相应的比较分析，得出适合我国企业社会责任治理的结论。

4. 归纳分析法

归纳分析法主要是关于对企业社会责任不同研究的学者，提出了相同或相似的观点，并对他们的观点进行总结归纳，然后进行分析，最后得出结论。

## (二) 关于企业社会责任的研究模型

1. 均衡模型

万莉、罗怡芬（2006）提出了企业社会责任的均衡模型，该模型强调通过运用均衡模型的思路来实现企业社会责任与经济利益之间的平衡。作者认为企业社会责任与利益相关者、契约理论相结合来解释企业社会责任是进一步发展的趋势，均衡模型即是基于对这三者关系的量化建立起来的。作者认为社会责任是企业内生的，企业的契约性质决定了企业应当承担一定的社会责任。社会责任与利益最大化之间的冲突不是一种绝对的矛盾，而是企业内部的一种张力，在企业中实现均衡是存在可能性的。

2. 分级模型

陈迅、韩亚琴（2005）认为，企业社会责任的定义应该是全面的，但是履行责任应该是分层次的。作者依据社会责任与企业的关系的紧密程度把社会责任分为三个层次，企业要根据自身的状况确定所处的社会责任层次。其中“基本社会责任”是企业必须首先做到的，“中级企业社会责任”是企业存在的保证，“高级企业社会责任”是企业的自愿性选择。

3. 三角模型

陈志昂、陆伟（2003）提出企业社会责任的三角模型，指出在三角模型从下往上依次包括法律层级、标准层级、战略与道义层级。从供给方面来看，相对来讲处在较上端的层次表示企业社会责任行为的供给较少；而从需求的角度来看，由下往上的需求是递增的。企业社会责任行为的供需存在结构性失衡。三角模型的提出即是用来分析和解决这一结构性失衡。

## 五、我国企业社会责任的现状研究

随着经济全球化的不断发展，企业社会责任内涵不断演进，导致政府、企业与社会对企业社会责任的认识发生了深刻的变化。由于我国加入世界贸易组织的影响，企业社会责任在中国也迅速发展起来，但是如果对照联合国“全球契约”规定的标准，其发展现状与国际标准仍有一段距离，今后需要加强企业、政府和社会这三者对企业社会责任的关注和监督。

### （一）我国企业社会责任缺失的具体表现

目前我国企业自主经营、自我发展的能力越来越强，但企业的自我约束能力却相对较弱，在承担社会责任方面尤显不足。近年来随着经济发展全球化以及大规模工业变革的推进，企业对国家乃至全世界可持续发展的影响已经成为了全球关注的焦点，企业所应承担与履行的社会责任在西方社会已经上升到了战略性管理的层面。而中国企业在企业社会责任方面的显著缺失证明中国企业的社会责任已经到了不得不重视的窘迫境地，长此以往必将严重损害社会权益与环境状况，在中国推动企业社会责任实践已经迫在眉睫。

李碧珍（2006）认为我国企业社会责任的缺失主要表现在：①强资本、弱劳动的不和谐；②企业信用缺失引发的不和谐；③外延粗放型增长方式导致的不和谐；④公益事业责任的缺失。

席建国（2006）认为，我国企业社会责任缺失主要表现在以下方面：①企业无视自己在社会保障方面的责任，尽量逃避税收和社保缴费；②较少考虑社会就业问题，将包袱甩给社会；③较少考虑环境保护，将利润建立在环境污染和资源浪费上；④一些企业提供不合格的产品服务或虚假信息，欺骗消费者；⑤一些企业依靠压榨员工的收入和福利来谋取利益；⑥缺乏提供公共产品的意识，对公益事业不闻不问；⑦缺乏公平竞争意识，大量吞食垄断利润，排斥市场竞争；⑧缺乏诚信，搞假破产逃避债务等。

## （二）我国企业社会责任缺失的成因

一些学者认为，我国企业社会责任缺失主要与以下因素有关：①企业生存环境的变化迫使企业将注意力放在追求利润最大化上，影响了企业关注社会责任的视线；②我国市场经济的法律法规体系不完善，企业违规违法的受惩罚成本太小，降低了企业履行社会责任的约束力；③政府地方保护主义意识严重，缺乏对企业社会责任的监督和管理；④企业内部的利益关系发生深刻变化，职工的主体地位严重下降，使企业内部缺乏有效的监督和约束机制；⑤公众的社会责任意识、维权意识和维权努力不够，对企业没有形成足够的压力。

## （三）如何促进我国企业社会责任的实施

针对我国企业社会责任实施现状和存在的主要问题，一些学者提出了促进企业社会责任实施的基本对策建议。王成（2005）认为，面对许多企业缺乏社会责任感的现状，我们应当采取一些必要的措施来逐步改变这种状况。

（1）使企业社会责任法制化。在企业主动承担社会责任意识较差的情况下，必须运用法律的手段，通过制定法律法规来引导和规范企业的社会责任。

（2）加强企业社会责任的监督。我国应建立由一些社会机构对企业承担社会责任情况进行监督并定期向社会公布企业社会责任信息的制度，从而使社会大众知道哪些企业承担了责任，哪些企业没有承担企业社会责任。

（3）提高社会大众对企业社会责任的关注程度。社会公众应该对污染环境、不善待员工等不承担社会责任的企业产品采取抵制措施，使企业认识到不承担社会责任的严重后果。

（4）提高企业承担社会责任的自觉性。

（5）企业应树立社会责任观念。

（6）企业经营者应树立以人为本的思想。

（7）企业应将社会责任目标化。企业应主动将其应履行的社会责任纳入其发展目标中。在制定发展战略时，除了利润目标以外，要明确制定企业社会责任目标并将社会责任落实到企业具体的生产经营活动中。

徐尚昆（2007）认为，要推动我国企业社会责任的实施进程，必须从以下方面入手：一是要展开高水平的本土化理论研究，探索建立完备的企业社会责任概念、作用机制、测评指标以及认证体系；二是通过积极引导和舆论宣传增强企业承担社会责任的意识；三是作为企业社会责任的实施主体，企业必须认识到承担社会责任不仅仅意味着付出，而且对于建立可持续的经营、树立良好的品牌形象和培育消费者信心都有重要意义，企业必须实现从单纯追求短期利益向追求可持续发展的转变，主动承担企业社会责任；四是逐步完善我国的企业社会责任评价体系和监管机制，国家应制定相应的法律法规来规范企业，通过定期的企业社会责任信息披露、第三方认证、舆论监督和消费者运动在内的多重评级体系督促企业承担社会责任。

李碧珍（2006）认为，要想改变我国企业社会责任缺失的现状，应建立一套适合我国国情的企业社会责任标准体系，并要正确处理好企业、社会和政府三者之间的关系，尤其是政府和社会要逐步培育企业主动承担社会责任的意识，同时，企业自身也要强化自律精神。因此，企业只有积极、主动地承担社会责任，才有利于企业的长期利益和长远的发展，为构建和谐社会做出更大的贡献。

厉无畏、虞震（2005）认为，政府要创造良好外部环境，引导和规范企业行为。

（1）政府要积极参与企业社会责任国际标准化活动，使未来制定的企业社会责任国际标准尽可能避免与我国政治法律制度相违背或与我国国情不符的内容。

（2）要用法律手段推动企业社会责任的实施，建议制定《企业社会责任法》。

（3）组织相关方面专家开展针对性研究，包括制定我国企业社会责任国家标准的可行性。

（4）加强政府对企业的监督，建设健康的社会经济秩序。

（5）加快建立贸易壁垒预警机制，进一步规范产品认证认可体系。

# 附录二 西方关于企业社会责任的研究综述

企业社会责任作为一个研究领域，在西方国家已有 50 多年的发展历程，时至今日仍然是一个备受关注的研究话题和实践活动。早在 19 世纪末，由于美国工业化的快速发展，在商业兼并和收购活动下公司规模的急剧扩大，以及市场竞争的加剧，企业所拥有的对经济、政治和社会的影响力与其对社会或环境所承担责任之间的巨大差距，引起了人们对企业与社会之间关系问题的思考。例如，在 20 世纪 30 年代，Wendell Wilkie 就提出“要教育商人树立新的社会责任意识”，但是对企业社会责任的研究引起重视主要是在第二次世界大战以后。其中，Howard R. Bowen 1953 年的著作《商人的社会责任》标志着企业社会责任研究进入了一个崭新的阶段，此书第一次提出了企业社会责任的概念。此后，又有很多相关著作问世，比如 Berle 和 Means，1932；Cheit，1964；Davis 和 Blomstrom，1966；Greenwood，1964；Mason，1960；以及 Mcguire，1963 等。如今，用 Micheal Porter 教授在哈佛商学院发表的一项相关报告的一句话来概括就是：“我们是没有办法阻止或避免人们对企业公民的重视，成本价值太高，有无数的双赢机会等待被发现，每一项活动，在一家公司的价值链重叠，在某种程度上与社会因素有关——一切来自你如何购买或如何采购，如何做研究——但是极少的公司注意到了这个问题。”

第二次世界大战后，企业社会责任研究的必要性被越来越多的理论研究者所重视，也引起了社会各界与政府的关注。第一，随着全球化的服务集中于跨境贸易、跨国企业和全球供应链，全球化要求企业人力资源开发、环保、卫生和安全等方面承担更多社会责任；第二，政府和政府间机构已经开始制定协约、申明和准则、原则和其他文书纲要，来规范社会可接受的行为；第三，消费者和投资者也呈现越来越大的兴趣，支持负责任的商业做法。本课题小组成员在初步阅读了一定数量的西方理论研究文献之后，从“企业社会责任概念的界定”“企业社会责任的标准化尝试”以及“研究趋势”这三个方面出发，进行总结和分析，大体呈现了西方相关理论研究的概貌。

## 一、企业社会责任概念和体系构成

到目前为止，西方理论界对于企业社会责任概念的界定并没有达成共识。不同的研究者由于研究角度的不同，使用和借鉴的理论不同，对企业社会责任的认识和定义也就不同。以下所列为几种具有代表性的观点。

### （一）社会目标决定商人行为

Howard R. Bowen 被认为是开创了现代企业社会人研究领域的开拓者。他在1953 年的著作《商人的社会责任》中提出了“商人应该为社会承担什么责任”的问题，并且给商人的社会责任下了最初的定义：商人有义务按照社会所期望的目标和价值来制定政策、进行决策或采取某些行动。这个定义正式提出了企业以及经营者必须承担社会责任的观点，开创了企业社会责任研究的先河。

### （二）经济组织具有社会责任

继 Bowen 后，更多的学者参与研究企业的社会责任，研究的目标从关注个体商人开始到企业作为一个经济组织承担的社会责任。20 世纪 60 年代，Keith Davis 提出社会责任是指“企业家的决定和采取的行动至少有一部分应超越该公司的直接经济或技术兴趣”。

### （三）生产的意义在于提高总体社会福利

弗雷德里克强调：社会责任即商人应该监督经济体制的运行来满足社会的期望，从而促进社会的进步。而生产的意义就在于，生产和分配就应该以提高总体社会福利为目标，而不是单纯地为了个人和企业狭隘的有限利益。

### （四）社会责任的履行即向社会延伸义务

迈克奎尔从更广泛的角度研究公司的社会责任。他指出：“社会责任的观念支撑着该公司的不仅是经济和法律的责任，同时，有超越这些义务的社会责任。”虽然他没有具体说明应该包含哪些社会责任，但是却详细阐述了企业经营中对政治、社会福利、教育的必要关注。

安德鲁·吉耶尔（2012）认为：“企业社会责任（GSR）——有时也指企业公民或者企业良心——可以定义为这样的企业行为：企业的行为目标在于取得社会效益方面的成就，它要超越并高于股东利润最大化的目标，并不局限于只满足所有的法律义务。”

## （五）同心轴模型

1971 年，美国经济发展委员会提出了“三个中心圈”的学说，如附图 2－1 所示。如果经济和非经济都在界定企业社会责任的话，这是第一个囊括频谱的方法。该报告中指出：内循环包括明确的基本职责，是为了有效执行经济功能的产品，工作和经济的增长；中间循环是指企业在实施经济职能时，对其行为可能影响的社会和环境变化要承担责任；外循环则包含企业更大范围地促进社会进步的其他无形责任，如消除社会贫困和防止城市衰败等。

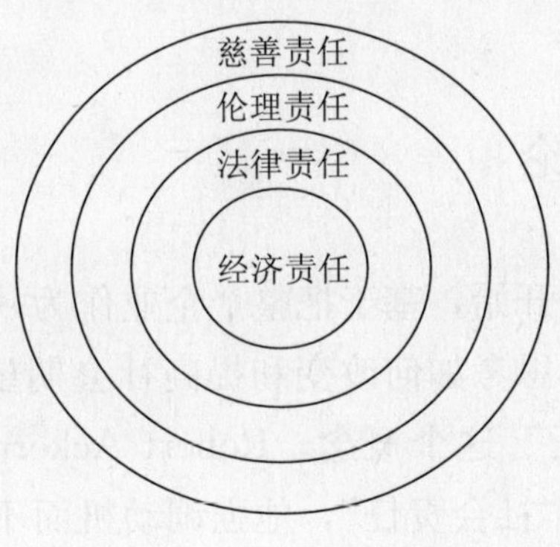


**附图 2－1　同心轴模型**

## （六）金字塔型的企业社会责任体系

卡罗尔于 1979 年提出了一个至今仍被广为引用的概念，即：“企业社会责任包含了在特定时期内，社会对经济组织经济上的、法律上的、伦理上的和自行裁量的期望。”卡罗尔认为，对于经济而言，首先，经济责任是企业最基本也是最重要的社会责任，但并不是唯一责任；其次，作为社会的一个组成部分，社会赋予并支持企业承担生产性任务、为社会提供产品和服务的权利，同时也要求企业在法律框架内实现经济目标，因此，企业肩负着必要的法律责任；再次，虽然企业的经济和法律责任中都隐含着一定的伦理规范，公众社会仍期望企业遵循那些尚未成为法律的社会公认的伦理规范；最后，社会通常还对企业寄予了一些没有或无法明确表达的期望，是否承担或应该承担什么样的责任完全由个人或企业自行判断和选择，这是一类完全自愿的行为，卡罗尔将此称为企业自行裁量责任。从企业考虑的先后次序以及重要性而言，卡罗尔认为在金字塔型结构中，经济责任是基础也占最大的比例，法律的、伦理的以及自行裁量的责任依次向上递减，如附图 2-2 所示。

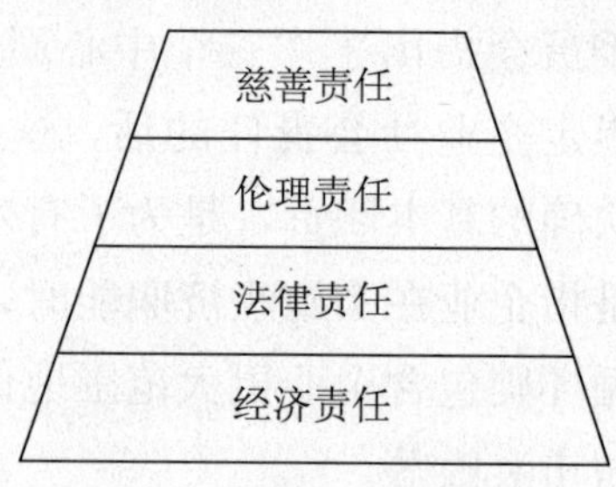


**附图 2-2　金字塔模型**

## (七) 社会回应理论

自 20 世纪 70 年代中叶开始，基于把整个企业作为一个社会角色，我们不仅要满足一定的社会期望，还要思考如何改变和提高社会期望值，一些学者提出用“社会回应”来代替“社会责任”这个概念。Robert Ackerman 和 Raymond Bauer 用“内涵责任”的概念来批评“社会责任”，他强调动机而不是表演。他们阐述“回应社会要求”，是远远超过决定要做什么。他们辩称，社会回应是一个可取的方向。

## (八) 相关者理论

Michaek L. Barnett 认为：“为企业社会责任研究的商业案例，必须考虑为依赖性而坚定企业利益相关者的关系，已经发展利益相关者的影响力度，来填补这一个空缺。”“一个大型的蓬勃发展的学说已经开始关注企业行为是否有助于财务效益、为公司达到或超过成本并使其贡献于社会福利。”

## （九）企业公民理论

从20世纪80年代开始，企业公民的概念由实践进入企业社会责任研究领域。从20世纪90年代末，全球性企业公民运动的普及促进了这个概念的广泛应用。

英国的“企业公民会社”认为：“企业是社会的一个主要部分，是国家的公民之一，企业有责任，也有权利为社会的发展做出贡献。”尽管企业作为社会的公民在某种程度上与公民个人有着相似的地方，其所承担的责任和义务以及享有的权利，也与公民所享有的权利义务相似，但企业却有完全不同于公民个人的某些特征。在法律上，企业所承担的责任和享有的权利与公民个人还是有着重要的区别。

总的来说，企业社会责任有很多个其他的表述方法，比如，企业责任、企业法人责任伦理、企业公民意识等。企业社会责任是一个不断发展的概念，目前没有一个广受认可的定义。一般来说，企业社会责任的履行即是要企业融入社会，将环境和经济问题纳入他们的价值观和文化中，使其在决策、制定战略和采取行动中能使用更透明和负责任的方式，从而完善自身、造福社会。

## （十）过程理论

Basu和Palazzo（2008）从过程视角分析了CSR的要素构成，并把CSR的要素构成分为以下三个层面（如附图2－3所示）：①认知（cognitive）层面，表明企业思考的是与其利益相关者和更加广泛的世界之间的组织关系，以及与关键关系方开展具体活动的理性认识；②释义（linguistic）层面，表明企业如何解释其参与这些具体活动的动机，以及如何与利益相关者分享这些动机；③行为（conative）层面，表明企业所采取的行为方式，以及向利益相关者做出的承诺和展示的战略一致性或不一致性。

阿奇·卡罗尔（2007）认为，企业社会责任还应该通过内部和外部企业利益相关者来共同承担。内部利益相关者主要包括雇主和雇员，外部利益相关者主要包括政府和消费者。

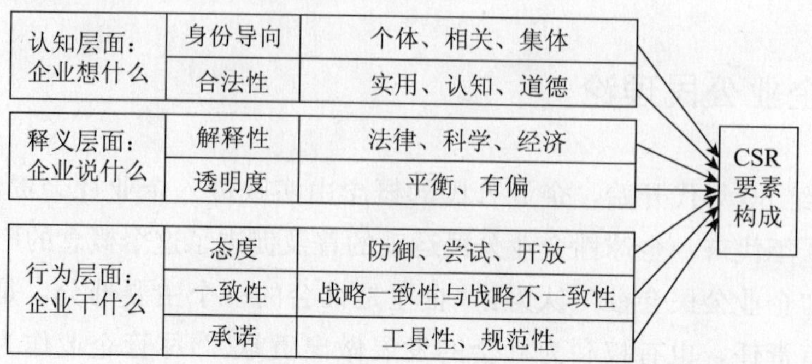


**附图 2－3　基于过程视角的企业社会责任要素构成**

## 二、西方对企业社会责任的标准化尝试

从“企业社会责任”的概念至今，欧美各国学者在对其界定范围展开讨论的同时，也在寻求将其用于实践的途径，人们关注的焦点开始从“企业社会责任是否存在”转向“企业社会责任应该包括哪些内容”，消费者运动一浪接一浪地兴起、人们对人权的关注、自然环境的恶化等一系列由于企业忽视社会责任的履行而引起的问题成为讨论的焦点，可操作的标准呼之欲出。本项目组成员在研究过程中发现，欧美各国出台的相关标准不在少数，其中，《商事公司的社会责任》报告虽然不算标准，但它对企业社会责任履行的行为表现进行了较清晰的界定，对后来的研究影响较大，故将其列于此部分中。

### （一）美国经济开发委员会《商事公司的社会责任》报告

这篇报告发表于 1971 年，其中列举了多达 58 种以促进社会进步为目的的企业行为，并要求企业付诸实施。这 58 种行为大体可以归结为 10 个方面：①经济增长与效率；②教育；③用工与培训；④公民权与机会均等；⑤城市改建与开发；⑥污染防治；⑦资源保护与再生；⑧文化与艺术；⑨医疗服务；⑩对政府的支持。进一步地，美国经济开发委员会又将这些行为划分为两个基本类别：一是纯自愿性行为；二是非自愿性行为，需要政府引导或者立法强制规定。

这一报告的意义在于用具体描述以及归纳总结的方法对企业社会责任有了较为明确的界定，10 个方面中，有的已成为当下能够体现企业履行社会责任的主要方面，比如资源保护与再生。另外，报告对于企业履行社会责任行为的两分法也引起

了后来学者的关注，并为企业社会责任的立法问题提供了思考的角度。值得一提的是David L. Engel在1979年发表于《斯坦福法律评论》的一篇文章中所持的观点，他认为企业在社会责任履行过程中，是否体现了“志愿主义（volunteerism）”和“利他主义（altruism）”应作为判断企业行为性质的关键，而立法也应以此为参照。这一观点实际上继承和发展了美国经济开发委员会对于纯自愿性行为和非自愿性行为的划分，并把这一基本认识与企业社会责任履行的界定以及立法问题结合起来。

### （二）SA 8000 标准认证

关于企业社会责任内涵的界定，自20世纪初就引起了一些西方学者的关注，但由于其受社会价值判断因素的影响，概念空间模糊而不易把握，因此相关研究者至今未在此方面达成共识。而在20世纪90年代末，欧美地区开始呼吁寻找企业承担社会责任、员工劳动保护和权益保障的可操作途径，社会责任SA8000（Social Accountability 8000）标准认证在这种背景下应运而生。这是由美国经济优先权委员会（2001年更名为社会责任国际Social Accountability International）发起和制定的，目的是对企业的经营道德进行评估认证，是一套可用于第三方认证的社会责任国际标准，其依据主要为世界人权宣言、联合国儿童权利公约和国际劳工组织公约。这一标准体系的影响正在日益扩大，1998年以前，全球只有7个企业或组织通过了认证。2003年，全世界共有259家企业或组织通过了认证，涉及服装、纺织、化工、食品、化妆品等35个行业。而近几年，我国也有越来越多的企业和组织通过认证，而且这一标准体系在国内也引起了相关学者、企业家以及政府部门的重视。SA8000作为认证体系，具有可操作性，明确了社会责任的范围，更重要的是，它还提出了管理体系的有关要求，将社会责任与企业管理结合起来。此外，在其不断完善的过程中，受到了世界各国的广泛认可，因此，在全球化的背景之下，SA8000标准认证作为国际认证体系对企业的国际化经营具有更大的实用价值。

不过，值得注意的是，SA8000并不是世界上唯一的企业社会责任标准。据国际劳工组织2003年的统计数字显示，全球有近300个类似的标准体系，其中较有影响力的有英国道德贸易行动标准（ETI）、美国公平劳动协会标准（FLA）、德国外贸零售商协会标准（AVE）等。

### （三）ISO 26000 标准认证

2004年，国际标准化组织（International Standard Organization，ISO）根据同

年6月的瑞典斯德哥尔摩ISO社会责任标准研讨大会及随后的ISO/TMB会议的决议，成立了直属于ISO/TMB的“ISO社会责任工作组（ISO/TMB/WGSR），自此启动了ISO社会责任国际标准（ISO26000）的制定进程。但自从ISO开始着手制订社会责任方面的标准以来，关于ISO是否应该制订社会责任标准及应该制定什么样的标准一直存在不同看法。比如，标准的写法看似简单，却成为争论最激烈的焦点之一，主要原因是如写成管理体系类标准，则标准出台后，很可能被其他组织或机构用于认证。此外，由于各国社会经济发展水平的巨大差异，如果把标准定得太高，那么很可能难以实施。如果把标准定得太低，那么就会失去其应有的意义。

## 三、西方关于企业社会责任的研究趋势

### （一）研究对象更加细化，区位和文化因素引起重视

当一部分理论研究还在争论企业社会责任的界限时，已经有越来越多的研究者把目光移向了“如何运用企业社会责任理论指导企业管理实践”的问题上来。项目组成员在收集资料的过程中发现，在近几年发表的西方论文与专著中，研究对象更加细化，具有明显的针对性。对不同地区的企业社会责任履行情况的调查报告或描述性论文和报告也越来越多，比如“企业公民的先行条件与获益：法国企业调查”（Maignan，I. & Ferrell，O. C.，2001）、“企业公民：基于印度的研究”（Mohan，A.，2001）、“欧洲和美国企业社会责任研究：基于企业自我认识的角度”（Isabelle Maignan & David A. Ralston，2002）、“利益相关者规范理论在发展中国家的应用：批评理论视角”（Reed，D.，2002）、“政府作为企业社会责任的推动者：比较研究视角下的英国”（Moon，J.，2004）。还有一些论文指出“瑞典将企业承担社会责任提升至国家竞争力的高度，倡导企业承担对包括劳动者在内的各项社会责任，极为重视企业承担社会责任问题，塑造企业承担社会责任的社会环境和各项制度”（2009），“为了遏止国内环境不断恶化的趋势，印度成立了国家环境规划和政策理事会，从而成为印度进行环境保护的最高行政机构，负责协调、促进、规划和监督印度环境计划的实施，并在遵循可持续发展原则下，确保动物福利并预防和减少污染”（2013）。

相比之下，20世纪的企业社会责任研究多集中在概念的界定、立法问题以及公司治理等方面。然而，进入21世纪，欧美国家的学者在相关研究中开始重视区

位和文化因素，项目组成员初步分析其成因，认为主要有以下两点：第一，企业社会责任的理论研究经过几十年的发展，一些制约性因素开始逐渐明晰，其中，社会价值观以及文化因素对企业社会责任内容以及表现形式的影响已被越来越多的研究者所重视。因此，大家开始把研究限定在某一地区内或者通过比较研究来探索区位及文化因素对企业社会责任履行的影响。第二，近些年来，实用主义精神在企业社会责任研究中体现得已经越来越明显，一般性的研究在指导实践的过程中常常不可操作，各地区有着自身的不同特点。因此，大家开始把目光转向区域性研究，以期能更好地指导实践。

## （二）关于全球化与企业社会责任关系的研究增多

当今世界，全球化在促进世界经济发展以及加强国与国之间经济文化交流的同时也带来了一些全球性的问题，比如南北差距、贫富悬殊、失业、自然资源破坏、生态环境恶化等。各国企业组织作为创造社会财富的主体，也不可避免地要面对这些全球性问题。在这过程中，有的企业遭到质疑和声讨；有的企业则抓住机遇、打败了竞争对手，在全球范围内占领市场。

1999 年 1 月在瑞士达沃斯召开的世界经济论坛上，联合国秘书长安南提出了一项计划，该计划被称作“全球契约”（Global Compact）。该协议对世界各国的企业提出了履行社会责任的要求，它主张：在企业内部要保障员工的尊严和福利待遇；在企业外部要发挥企业在社会环境中的良好作用。“全球契约”对于克服全球化所带来的消极影响，促进商界参与国际经济发展和社会进步具有积极的意义。

我们在搜索资料的过程中发现：进入 21 世纪后，相关研究开始关注全球化与企业社会责任关系的探讨，以期给企业在国际经济交往实践提供指导。以下几篇论文（其中一篇为专著）便是例证：“互联网时代的全球性企业公民：组织认同的作用”（Post，J. E. & Berman，S. L.，2001）、“贸易条约中的社会性条款：对国际企业的启示”（Sanyal，R. N.，2001）、“企业公民：从国内到全球水平的分析”（Logsdon，J. M. & Wood，D. J.，2002）、《企业社会责任与全球性公共政策的形成》（Hirschland，Matthew J，2006）。

## （三）多学科介入研究

对于 CSR 研究领域的状况，Carroll 在 1994 年给出了这样的描述：“这是一个兼容的领域，有着宽泛的边界、多元化的成员、不同的学术背景、大量非集中的文献、多学科交叉的观点。”我们在阅读了近几年的一部分文献之后，认为经济学、法学、社会学、管理学是与企业社会责任研究相关程度最高的几类学科，各学科研究的角度大体可归纳如下。

1. 经济学视角

企业是经济组织，在探讨其社会责任时，必然要涉及社会责任的履行与企业经济绩效之间的关系。从经济学的视角来看，争论的焦点集中在“古典观”（classical view）与“社会经济观”（socioeconomic view）之间的分歧。持古典观的学者认为企业的主要责任在于追求最高的财务收益率、以股东利益至上，以 Brucker 和 Friedman 为代表。持社会经济观的学者则认为企业的目标应与社会的目标相一致，以 Brummer 为代表。

2. 法学视角

法律是用于调整社会关系的。经济法作为现代市场经济的产物，是从社会整体利益出发来调整社会经济的，其社会性很突出。而要求企业履行社会责任也是为了增进股东利益之外的其他所有社会利益，包括职工利益、消费者利益、社区利益、公共利益等。在此领域里，美国佐治亚大学教授 Carroll 做过很多研究，他的主要思想是要区分企业法律责任（codified responsibility）与伦理责任和慈善责任，其目的在于：第一，辨明哪些责任应该是强制性的，哪些应该是自愿的；第二，在一定社会条件下，究竟哪些责任需要被强制规定。Carroll 最早提出这些观点是在 20 世纪 80 年代左右，而近些年的研究受其影响比较大。从法学视角研究企业社会责任问题对于制定相关法规政策具有重要意义，比如公司法的制定。

3. 社会学视角

从这一视角去研究企业社会责任问题，探索的焦点在于企业与社会的关系。本课题小组成员在查阅资料的时候发现，一些在社会学期刊上发表的论文里，也有企业社会责任研究所涉及的内容，比如劳工问题、消费者利益问题、社会弱势群体利益问题等。而在近几年发表的企业社会责任研究相关论文中，社会学的研究方法也被广泛采用，比如对员工的调查访问等，其结果与社会学相关研究存在重合的地方。社会学有一个基本假设，即企业是社会的组成部分，将这一假设运用到企业社会责任理论研究中，便可推出一个隐含意义，即企业作为社会的基本组织形式和基础层次，也必须在分担社会运行成本方面承担责任，而无论此责任的履行是否会影响到其个体利益。

4. 管理学视角

在西方的相关研究中，从管理学视角去研究企业社会责任问题目前仍是主流。

其中比较典型的是利益相关者理论（stakeholder theory）的应用，这是由美国弗吉尼亚大学教授 Edward Freeman 发表于 1984 年的著作《战略管理：利益相关者理论》（*Strategic Management*：*A Stakeholder Approach*）中第一次提出的。这种理论认为，利益相关者是能影响组织目标实现并且受到组织实现目标影响的人。在企业的战略管理中，应该考虑全部利益相关者的作用。除了股东，还应包括员工、消费者、社区、竞争者等。而后来的企业社会责任研究多以此为工具或切入点。Carroll 发表于 1999 年的著作《企业与社会：伦理与利益相关者管理》（*Business & Society*：*Ethics and Stakeholder Management*）也有专门章节阐述这些问题。从企业管理的角度来看，要实现企业的可持续发展，必须兼顾经济、环境、社会的三者利益。著名企业管理大师彼德·德鲁克（Peter Druker）说过："工商企业并不是为着自身的目的，而是为着实现某种特别的社会目的并满足社会、社区或个人的某种特别需要而存在的。"这些观点，在西方近几年的相关研究中常被提及。

# 附录三　北京地区企业社会责任调研报告（员工责任）

企业社会责任不仅关系到企业竞争力的提升和企业形象的树立，而且关系到科学发展观的落实和社会主义和谐社会的建立。为了解北京地区企业社会责任履行情况，项目组开展了此次调查。本调查分管理人员调查和员工调查两部分。其中，通过管理人员调查，主要了解企业管理层（特别是高管人员）对企业社会责任的认识、企业履行社会责任的主要动因、企业社会责任履行情况及存在的主要问题、影响企业社会责任运动开展的主要因素等有关信息；通过员工调查，主要了解企业承担与员工有关的社会责任的情况及存在的主要问题。

员工调查共收回有效问卷 386 份，接受调查者主要来自北京现代、燕京啤酒、天坛生物、恒华房地产、锦绣大地等 174 家企业。调查结果表明，北京地区大多数企业，特别是国有企业（集团），较好地履行了与员工有关的社会责任，但同时有少部分企业仍存在违法用工和侵害员工合法权益的现象，如不及时与员工签订劳动合同，不按规定为员工缴纳社会保险，任意安排员工加班，克扣加班费等；经营规模小的私营企业仍是贯彻落实《劳动合同法》的“死角”。

下面从基本劳动条件、生产安全、工资福利、劳动时间、员工培训、企业社会责任意识等方面对调查结果进行介绍，并对存在的主要问题进行分析，阐明问题的成因。

## 一、调查样本

员工调研以北京地区各类企业为调查对象，调研目的是全面了解企业履行与员工有关的社会责任（基本劳动条件、安全生产、工资福利、劳动时间、工资发放、员工培训等）的状况。最终收回有效问卷共 386 份，接受调查者来自北京地区 174 家企业，调查对象和调研样本基本情况见附表 3－1 和附表 3－2。其中，在接受重点访谈的15家企业中，填写问卷的员工在15名左右。

附表3-1　　调查对象基本情况

| | | 数量（份） | 百分比（%） |
|---|---|---|---|
| 性别 | 男 | 166 | 43 |
| | 女 | 220 | 57 |
| | 总计 | 386 | 100 |
| 年龄 | 15周岁以下 | 0 | |
| | 16～17周岁 | 3 | 1 |
| | 18～54周岁 | 380 | 98 |
| | 55～59周岁 | 2 | 1 |
| | 60周岁以上 | 1 | |
| | 总计 | 386 | 100 |
| 文化程度 | 硕士及以上 | 23 | 6 |
| | 大学 | 312 | 81 |
| | 中专/职高/中学 | 50 | 13 |
| | 小学 | 1 | |
| | 总计 | 386 | 100 |
| 工作岗位 | 普通工人 | 46 | 12 |
| | 文员 | 95 | 24 |
| | 技术人员 | 80 | 21 |
| | 管理人员 | 104 | 27 |
| | 其他 | 61 | 16 |
| | 总计 | 386 | 100 |

附表3-2　　调研样本基本情况

| | | 数量（份） | 百分比（%） |
|---|---|---|---|
| 行业 | 批发零售业 | 62 | 16 |
| | 交通运输业 | 15 | 4 |
| | 加工制造业 | 86 | 22 |
| | 银行、保险、证券业 | 11 | 3 |
| | 餐饮业 | 11 | 3 |

续 表

| | | 数量（份） | 百分比（%） |
| --- | --- | --- | --- |
| 行业 | 建筑、房地产业 | 22 | 6 |
| | 邮电通信业 | 11 | 3 |
| | 信息技术、软件开发业 | 44 | 11 |
| | 其他 | 124 | 32 |
| | 总计 | 386 | 100 |
| 经营规模 | 小型 | 55 | 14 |
| | 中型 | 154 | 40 |
| | 大型 | 131 | 34 |
| | 特大型 | 46 | 12 |
| | 总计 | 386 | 100 |
| 企业性质 | 国有或国有控股 | 123 | 32 |
| | 民营 | 136 | 35 |
| | 外资 | 58 | 15 |
| | 合资 | 69 | 18 |
| | 总计 | 386 | 100 |
| 经营时间 | 1年以内 | 23 | 6 |
| | 1～3年 | 63 | 16 |
| | 3～5年 | 96 | 25 |
| | 5～10年 | 62 | 16 |
| | 10年以上 | 142 | 37 |
| | 总计 | 386 | 100 |

## 二、调查结果

### (一) 员工工作环境

1. 上岗条件

(1) 公司是否要求保存您的身份证原件？A. 是　B. 否（见附图3-1）

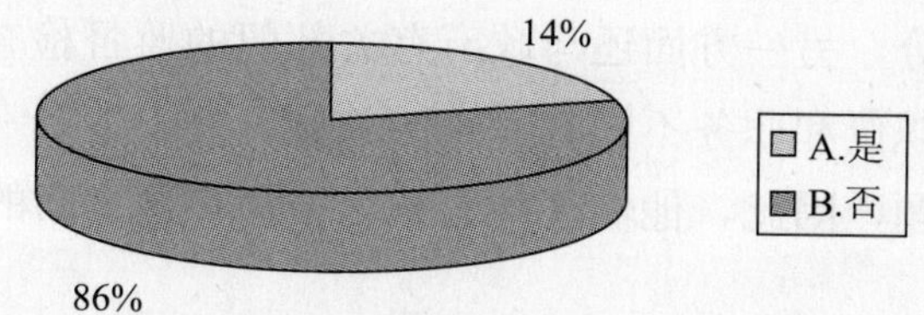


**附图 3-1 是否保存身份证原件**

调查结果如附图 3-1 所示，86%的公司不要求保存员工身份证原件，另有 14%的公司要求保存身份证原件或其他证件。结果表明，大多数企业不要求保存员工身份证原件，基本遵守了我国《劳动合同法》(2008) 第二章第九条的有关规定，即："用人单位招用劳动者，不得扣押劳动者的居民身份证和其他证件，不得要求劳动者提供担保或者以其他名义向劳动者收取财物"。

但仍有少数企业存在扣压劳动者身份证或其他证件的现象。调查表明，这种现象主要存在于中小型的私营企业。这说明一些私营企业主法律意识仍比较淡薄。如果发现这种情况，劳动行政部门应根据《劳动合同法》第七章法律责任中的第八十四条之规定（"用人单位违反本法规定，以担保或者其他名义向劳动者收取财物的，由劳动行政部门责令限期退还劳动者本人，并以每人五百元以上两千元以下的标准处以罚款；给劳动者造成损害的，应当承担赔偿责任"）对相关企业进行处罚。

(2) 开始工作时是否需要交纳押金？

调查结果表明：94%的被调查者表示进入公司开始工作时不需要交纳押金，另有 6%的被调查者表示所在公司需要交纳押金。数据反映了绝大多数公司能够遵照《劳动合同法》第二章"劳动合同的订立"中第九条的有关规定执行；只有很小部分公司收取押金，违背了该规定，应由有关部门对其处理。

2. 工作环境和条件

(1) 您认为公司的工作环境在保证员工的安全与健康方面怎样？

A. 很好　B. 较好　C. 一般　D. 较差　E. 很差

调查如附图 3-2 所示，31%的被调查者认为公司具有很好的工作环境，为员工的安全与健康提供了很好的保障；36%的被调查者认为公司在保障员工安全与健康方面做得较好；26%的被调查者认为一般；6%的被调查者认为较差；只有 1%的被调查者认为很差。调查结果表明，近年来多数企业在改进工作环境和条件方面增加了投入（如增加安全设施、改进生产工艺、购置降温取暖设备、落实安全管理责任制等），以保证员工的劳动安全与身体健康，但也不排除有少部分企业在这方面做得不好，长期以来较少进行投入。企业劳动条件和工作环境的改善，一方面与企业自身的重视密不可分，另一方面还与政府有关部门的监督检查有关。此外，该结果可能与被调查者的职位和职务不同有一定的关系。处于生产一线的被调查者更重视自身安全和健康问题，因此，他们往往会认为公司在这方面的投入还不够。

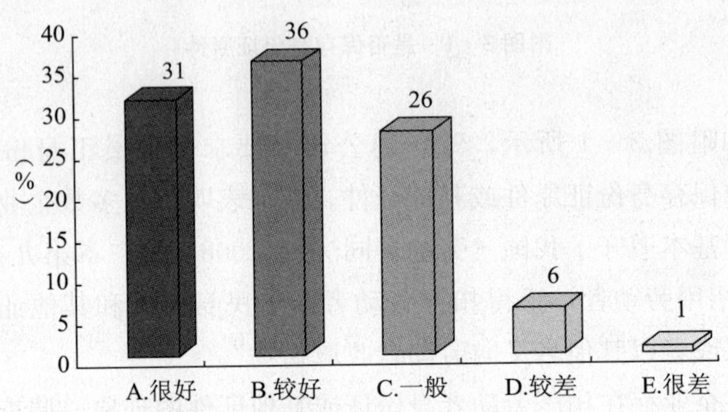


**附图 3－2　公司的工作环境在保证员工的工作安全与健康方面**

此外，调查结果还显示（见附图 3－3），大多数公司有专门负责员工的安全、健康、卫生的管理人员，他们都意识到了承担社会责任的重要性；但是仍有一些公司没有意识到加强安全管理、保障员工身体健康的重要性，这与企业人本意识、安全意识淡薄有密切关系。要改变这种状况，一方面必须进一步落实相关政策法规，另一方面也需要全社会呼吁每一个企业都要树立社会责任意识、积极履行社会责任，并监督承诺履行社会责任的公司承担社会责任的情况。

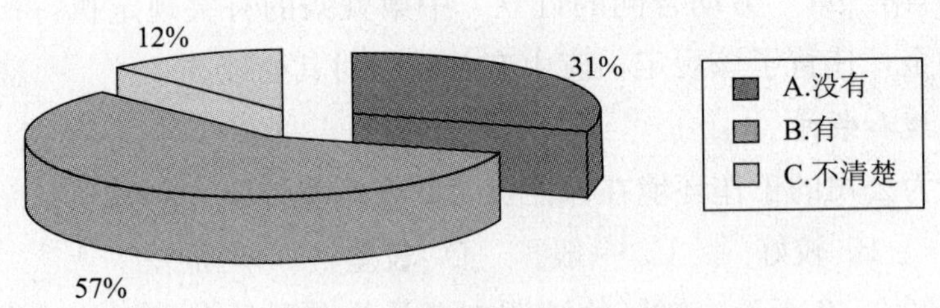


**附图 3－3　公司有没有负责生产安全与健康的管理人员**

（2）公司是否经常开展员工的安全与健康培训？

A. 从来没有　　　　　　　B. 1～2 次/年

C. 3～5 次/年　　　　　　D. 6～10 次/年

E. 10 次以上

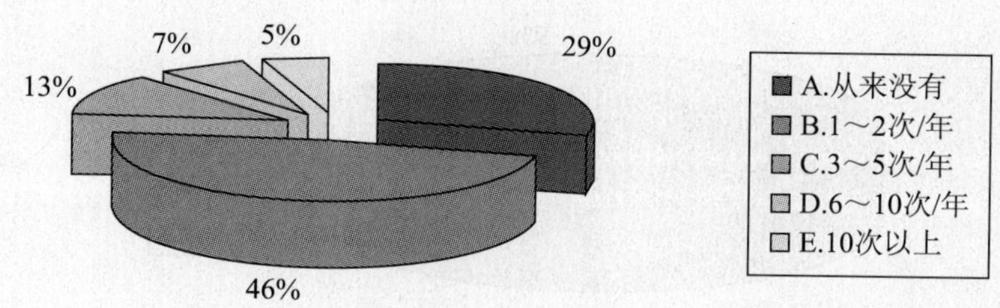


**附图 3-4 是否经常开展员工安全与健康培训**

调查结果如附图 3-4 所示，70%以上的企业每年都能够对员工开展安全与健康培训，其中有 10%以上的企业每年开展此类培训的次数超过 5 次，甚至一些企业超过 10 次。调查结果还表明，因公司性质、经营规模和所处行业类型的不同，公司每年开展此类培训的次数存在差异，大型国有企业、建筑、交通、机械制造等行业企业普遍对安全管理比较重视，开展此类培训次数较多。一些公司重视人性化管理，对员工的培训次数也多，反之就少，甚至从来没有，这种情况是公司对员工不负责任的表现（因为开展员工培训也是承担企业社会责任的一种表现）。如果一个企业要在激烈的市场竞争中不断地健康发展，对员工的培训是必需的。保障公司员工的健康与安全的培训工作，不仅关系到企业的持续健康发展，而且也关系到社会的发展与稳定。

（3）在企业里使用厕所是否受时间限制？

95%的被调查者表示，在企业里使用厕所是不受时间限制的；但仍有 5%的被调查者表示，在企业里使用厕所是受时间限制的，但限制的不是次数而是上厕所的时间长短。企业对上厕所的时间长短进行限制违背了员工的基本生理需要，进而导致员工的不满和效率下降。因此，治本的做法应是通过教育、培训增强员工的责任心，而不是限制自由。

（4）工作中是否直接接触过有毒有害物质并遭受伤害？

A. 是　　　　　　　B. 否

如附图 3-5 所示，91%的被调查者表示，在工作中没有直接接触过有毒或有害物质并遭受伤害；9%的被调查者表示，在工作中直接接触过有毒或有害物质并遭受伤害。调查结果表明，随着产业结构的调整和技术改进，北京地区多数企业的工作环境和条件明显好于过去，一线员工在工作中不必直接接触有毒或有害物质，使员工避免了遭受身体伤害。但在一些企业，因工艺落后或没有为员工提供劳动保护措施，使员工仍有可能直接接触有毒或有害物质并遭受伤害。

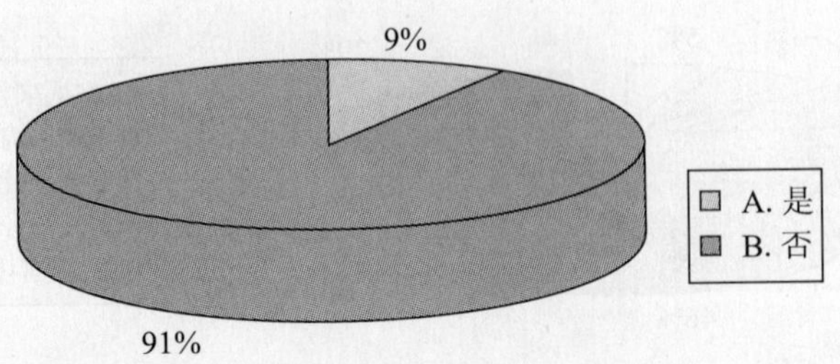


附图 3-5　是否直接接触过有害物质

（5）企业如何对待因工致伤、致残、致病的员工？

A. 不闻不问　　B. 给予一定补偿后让其走人　C. 按照相关政策规定给予治疗并补偿

如附图 3-6 所示，3%的被调查者表示，企业对待因工致伤、致残、致病的员工不闻不问；9%的被调查者表示，企业对这些员工给予一定的补偿后让其走人；88%的被调查者表示，企业对这些员工按照相关政策规定给予了治疗并补偿。调查结果表明，绝大多数企业都遵守了有关法律规定，同时也对员工负责任，只有少部分公司违反规定，不负责任地对待员工。这种状况与企业的性质有很大关系，在国有企业中出现这种问题，企业基本上能够按相关规定给予治疗及补偿，而在一些中小型企业或民营企业中经常出现一些对员工不负责任的情况。

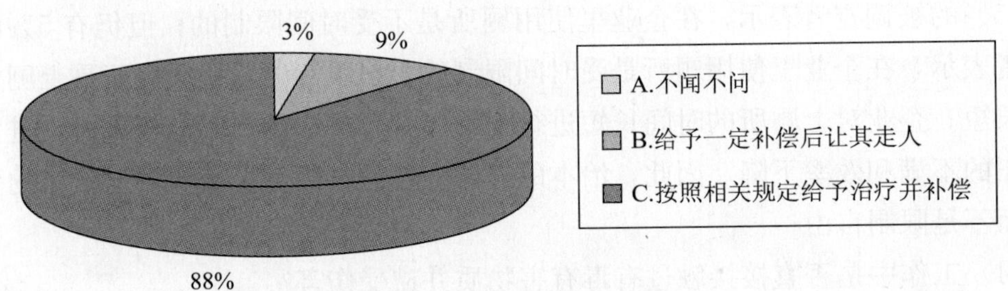


附图 3-6　公司如何对待伤残员工

## （二）工作时间

1. 您每周的工作时间

A. ≤5 天　B. 6 天　C. 7 天

如附图 3-7 所示，76%的被调查者表示，每周工作时间小于等于 5 天；22%

的被调查者表示，每周工作时间为 6 天；2%的被调查者表示，每周工作时间为 7 天。该组数据表明，北京地区的大多数企业都能够遵守我国《劳动合同法》第四章第三十八条的规定："用人单位应当保证劳动者每周至少休息一日。"的有关规定。只有少数的企业仍在违反我国劳动法的规定，侵犯劳动者休息的权利。这种状况与企业所属的性质和企业所属行业类型有关，特别是在一些私有的零售、餐饮企业，劳动者每周至少休息一天的权利难以得到保证。

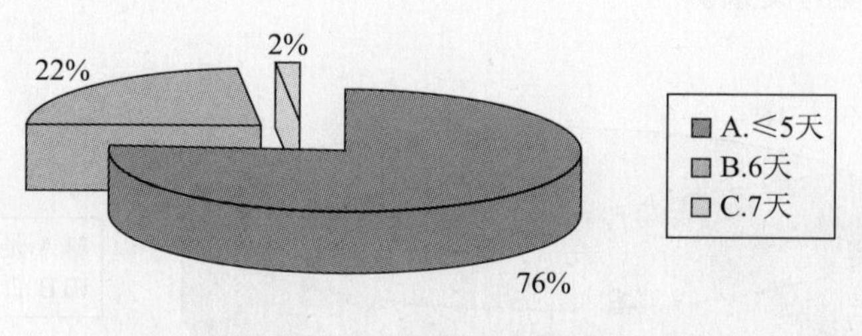


**附图 3－7　每周的工作时间**

2. 每天的平均工作时长

A. 8 小时以内　B. 8＜X≤9 小时　C. 9＜X≤10 小时　D. 10＜X≤11 小时　E. 12 小时以上

如附图 3－8 所示，50%的被调查者表示，每天的平均工作时长在 8 小时以内；38%的被调查者表示，每天的平均工作时长在 8～9 小时；8%的被调查者表示，每天的平均工作时长在 9～10 小时；3%的被调查者表示，每天的平均工作时间在 10～11小时；仅有 1%的被调查者表示，每天的平均工作时长在 12 小时以上。调查结果表明，在北京地区，只有半数的企业能够严格执行《中华人民共和国劳动法》关于工作时间和休息的规定："国家实行劳动者每日工作时间不超过八小时、平均每周工作时间不超过四十四小时的工时制度。"还有半数的企业每天平均的工作时长超过 8 小时，这与企业所属的性质和企业所属行业类型有一定关系。此外，由于竞争压力大，在一些企业存在员工自动延长工作时间的情况。

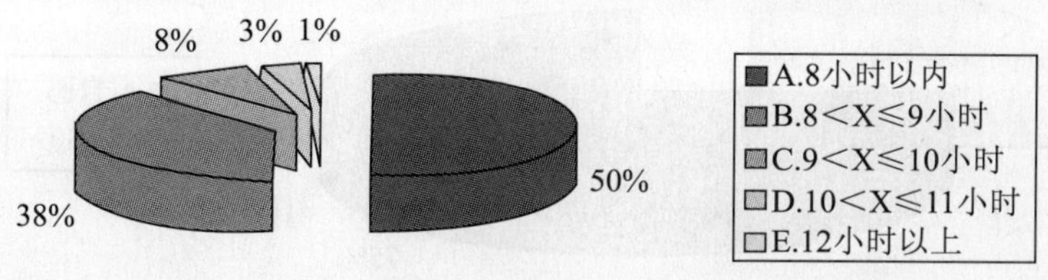


**附图 3－8　每天的平均工作时长**

3. 元旦、春节、国际劳动节、国庆节等节假日是否正常休假

如附图 3－9 所示，84％的被调查者表示，节假日是正常休假的；16％的被调查者表示，在节假日不能正常休假。调查结果表明，多数公司都遵守《中华人民共和国劳动法》关于工作时间和休息的规定，即：“用人单位在下列节日期间应当依法安排劳动者休假：（一）元旦；（二）春节；（三）国际劳动节；（四）国庆节；（五）法律、法规规定的其他休假节日。”被调查者在节假日不能正常休假与他们所属行业类型有直接的关系。

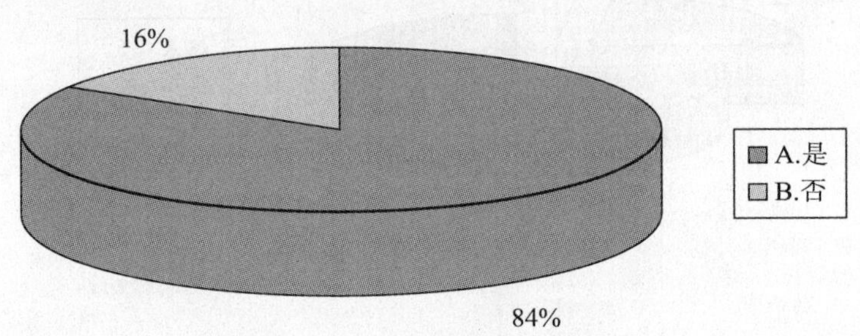


附图 3－9　节假日是否正常休息

4. 加班是否自愿

如附图 3－10 所示，75％的被调查者表示，加班是自愿的；25％的被调查者表示，加班是被强迫的。数据反映出，在北京地区的大多数企业里，员工合法权益能够得到保障，加班与否由员工自愿决定；但也有少部分企业存在强迫员工加班的情况。加班情况是因公司的任务在规定时期内没有完成或有紧急事务需要处理或在国家规定节假日值班等情况造成的。加不加班本属员工自愿行为，但在极少数企业，如果在被要求加班的情况下员工不去加班则往往会被记为旷工；如果员工将这种情况向上举报，则可能面临被解聘的威胁，这使员工进退两难。此外，在一些企业，面对繁重的工作压力和上司意愿，员工时常不得不选择“自愿加班”。

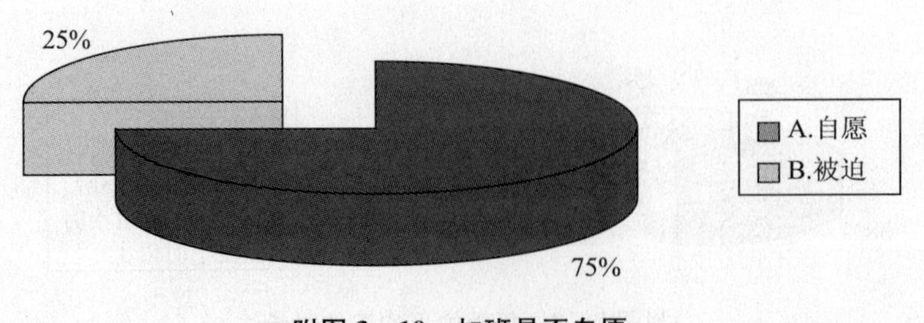


附图 3－10　加班是否自愿

根据《劳动法》相关规定，用人单位只有按照法定的工作时间标准安排劳动者劳动，才是合法、有效的，如果安排加班的时间超出法律规定的上限，单位即使以“员工自愿”为借口也难逃侵权责任。

## (三) 员工工资福利

1. 工资发放方面

(1) 如附图 3－11 所示，在工资发放的及时性方面，72%的受访者表示从来没有遇到过拖欠或克扣工资的情况，26%的受访者表示所在企业偶尔存在克扣或拖欠现象，另外，还有 2%的受访者表示所在企业经常拖欠或克扣工资。调查结果表明，目前北京地区大部分企业都能做到正常发放工资，另有少部分企业偶尔或经常拖欠工资。员工工资被拖欠或克扣，主要与企业经济效益不好、财务流动性差有直接关系。

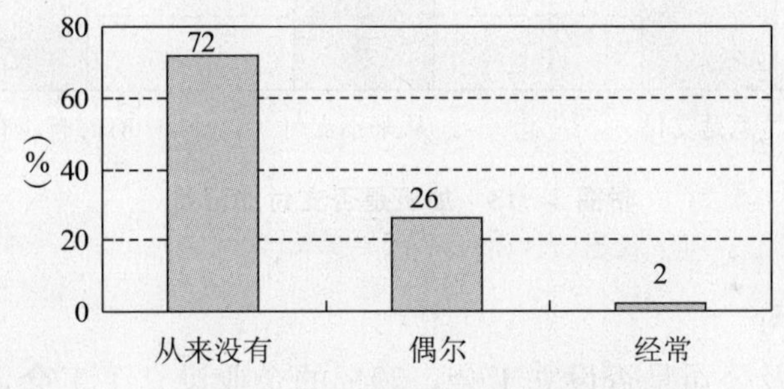


**附图 3－11　是否拖欠或克扣工资**

(2) 如附图 3－12 所示，25%的企业总是没有给员工发放工资清单，而 11%的企业有时有、有时没有，总是做到发放工资清单的企业为 64%。存在这种现象的原

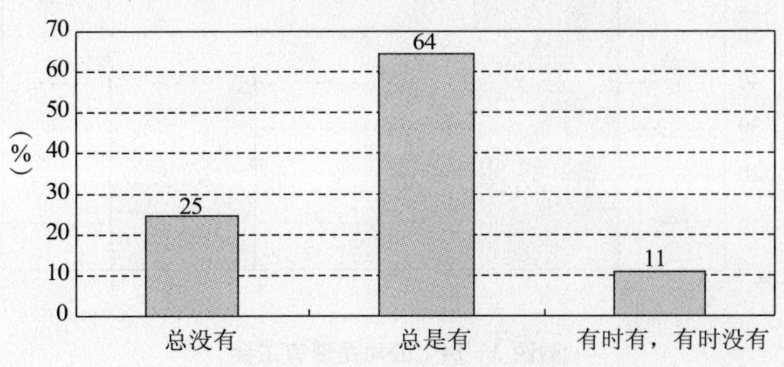


**附图 3－12　有没有工资清单**

因可能有：一方面是企业时常通过发放工资的渠道规避税收；另一方面是员工的维权意识不高，没有主动提出要求。

（3）如附图 3－13 所示，在支付加班费用方面，52％的企业总是支付，30％的企业有时支付有时不支付，另外，还有 19％的企业从来不支付。企业不给员工支付加班费是一个十分严重的侵权现象与问题。调查显示从来不支付加班费的企业居然占到 19％之多，员工的权益无法得到保障。

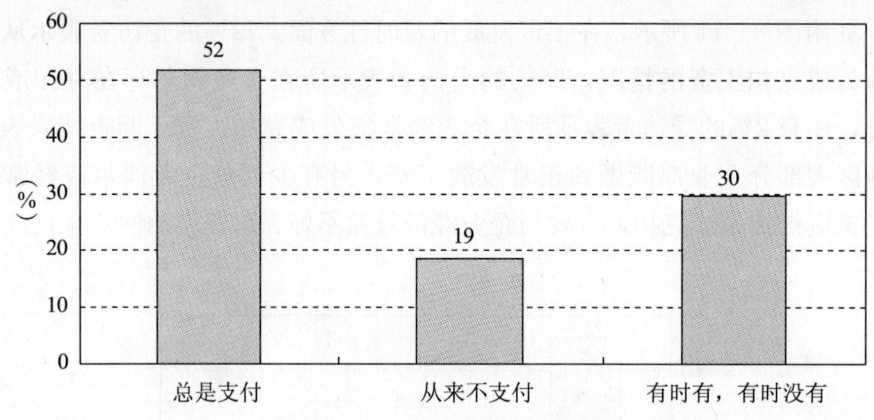


**附图 3－13　加班是否支付加班费**

2. 福利制度方面

（1）调查中涉及公司是否设立工会，59％的企业设立了工会，41％的企业没有工会机构。工会是为员工争取权利发表意见的机构，企业不设立该机构间接上限制了员工发表意见的权利。如附图 3－14 所示。

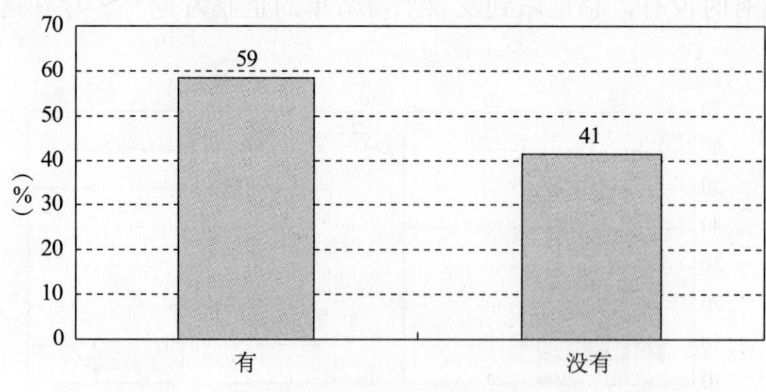


**附图 3－14　公司是否有工会**

（2）在为员工办理社会保险方面，8%的企业完全不为员工办理，另外16%的企业有相关政策但是执行不力，76%的企业能够依法为员工办理各种社会保险。根据调查结果：不能依法为员工办理社会保险的企业大都是民营或私营企业，而且它们的经营规模普遍较小；工作时间短是一些企业拒绝为员工办理社会保险的原因之一。如附图3-15所示。

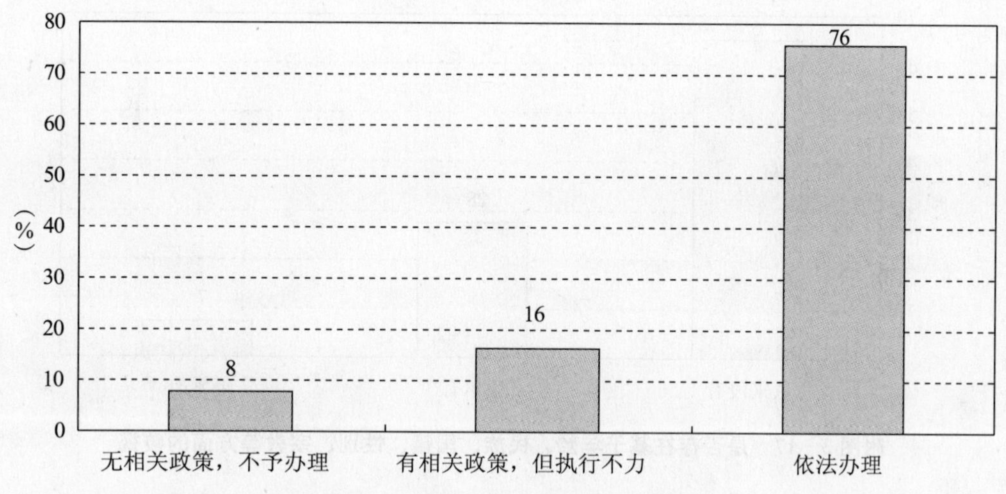


**附图3-15 是否为员工办理社会保险**

（3）为女员工提供有薪产假方面，17%的企业允许休假但是不付薪水，15%的企业支付的有薪产假少于国家规定的90天时间，其他企业能够依法办理。如附图3-16所示。

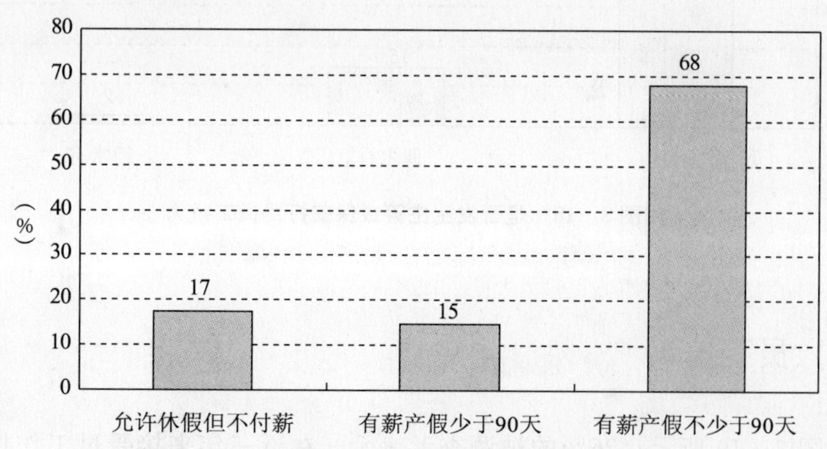


**附图3-16 是否为女员工提供至少90天的有薪产假**

3. 企业内部公平

调研考察的范围有是否存在年龄、性别、宗教等方面的歧视，以及是否存在对员工打骂现象。根据统计显示，有7%的企业经常存在歧视现象，28%的企业偶尔存在。如附图3-17所示。另外调查还显示，目前在一些企业中还存在辱骂员工的现象，且占到17%的比例。如附图3-18所示。

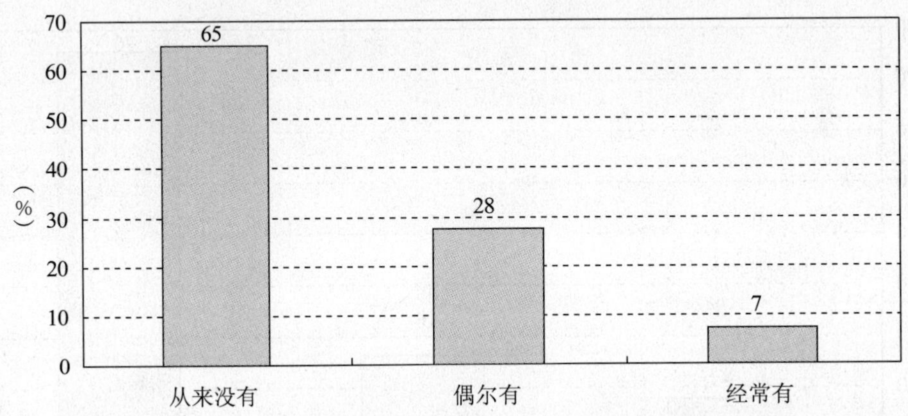


**附图3-17　是否存在基于年龄、民族、国籍、性别、宗教等方面的歧视**

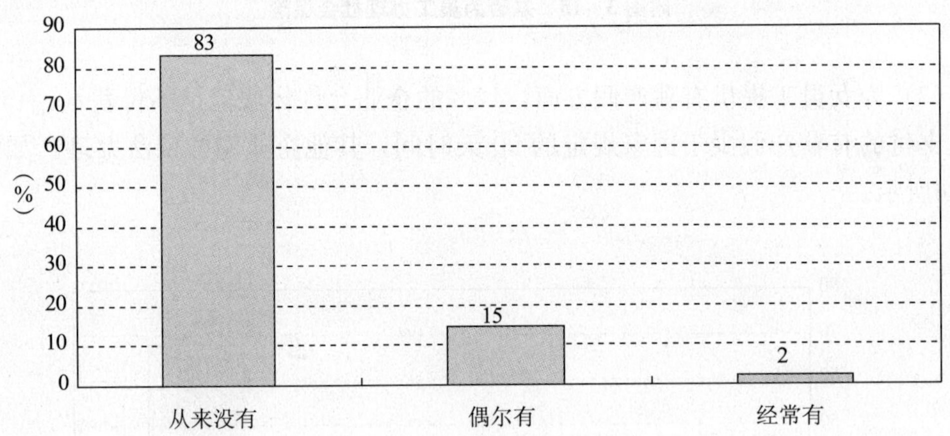


**附图3-18　是否发生主管或保安打骂员工行为**

## (四) 员工培训

如附图3-19所示，36%的被调查者表示，在近三年来接受过工作技能培训；

4%的被调查者表示，接受过心理培训；21%的被调查者表示，接受过管理培训；30%的被调查者表示，接受过企业文化培训；6%的被调查者表示，没有接受过任何培训；6%的被调查者表示，接受过除这些以外的其他培训（例如，英语培训、法律培训、军训、社会培训等）。数据反映，多数公司很重视工作技能的培训，企业文化培训也是公司的一个重要部分，如果一个公司有很好的企业文化，那么就能吸引新人才，留住老员工。在调查中发现，员工接受过心理培训的比例很低，随着社会的发展，公司间的激烈竞争，员工的压力也逐渐增大，对员工的心理培训也是很有必要的。因此，公司应采取各种措施，发展各种职业培训，从而开发劳动者的职业技能，提高劳动者素质，增强劳动者的就业能力和工作能力。此外，员工接受培训的情况与所在企业的性质、经营规模和所属行业类型有一定关系。在大型企业、国有企业、高新技术企业，员工培训往往搞得较好。

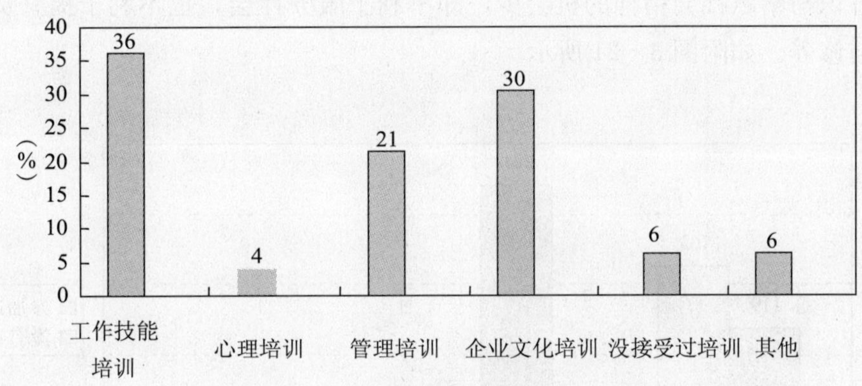


附图 3－19　近三年来你接受过那种培训

## （五）对于企业社会责任的认识

员工对企业社会责任相关概念的了解情况，以及自身参加企业社会责任活动的投入情况。综合来看，员工对企业社会责任的认识还是停留在比较浅显的层次，首先是对各个相关的名词了解甚少，调查显示，几乎每个名词都没听说过的比听说过的多，还有一部分的员工全部都没有听说过。如附图 3－20 所示。

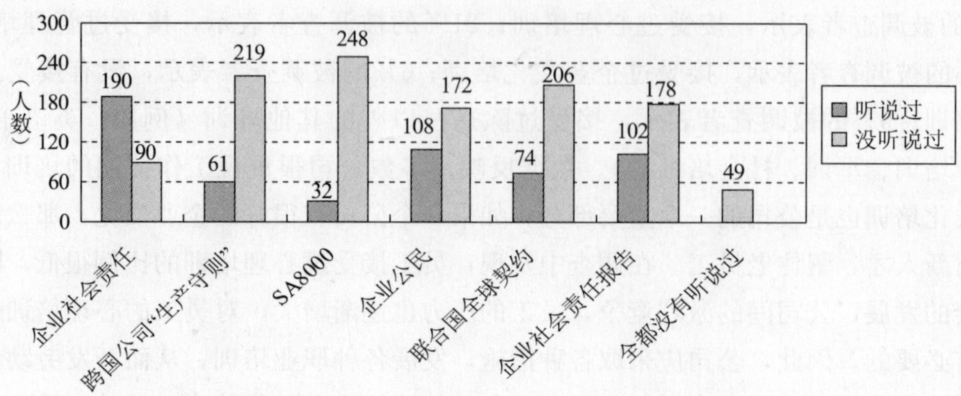


附图 3-20　员工对社会责任相关名词的了解状况

其次是员工亲身参与到社会公益活动的机会与次数不多，员工投入到社会中学习维权意识与奉献社会精神的机会少，即不利于服务社会，也不利于提升员工自身的素质与修养。如附图 3-21 所示。

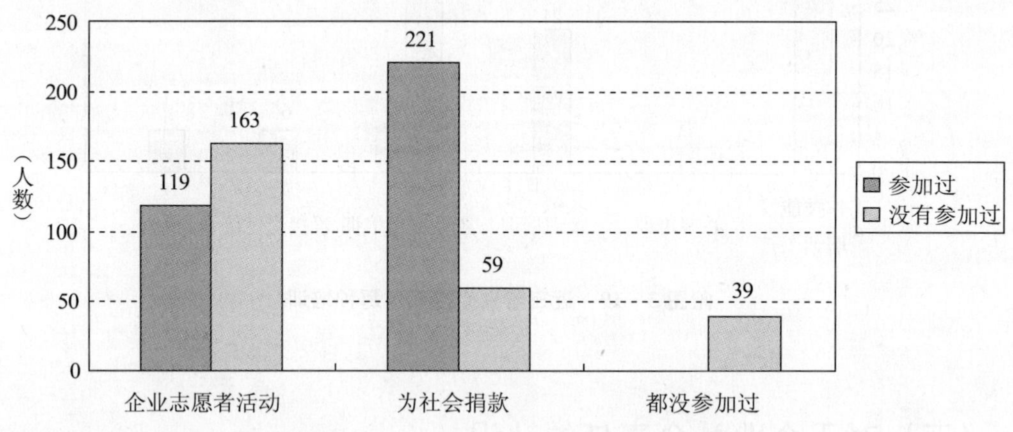


附图 3-21　员工参与社会公益活动的次数

## 三、总结

(1) 关于北京地区企业社会责任（员工）的调查结果表明：企业的性质、经营规模以及行业类型的不同，企业承担的社会责任及履行情况也不同。国有大中型企业无论在工作环境与条件、工作时间，还是福利待遇和培训方面都较好地遵守了《中华人民共和劳动法》的有关规定，较好地维护了员工合法权益。而中小型的民

营企业或私营企业在这些方面做的要相对差一些，这些企业在员工的工作环境、福利待遇和培训方面的资金投入相对较少，由于员工的基本保障得不到满足，导致员工流动性比较大，而员工流动性大反过来又限制了企业在履行员工责任方面的投入。

（2）国有大中型企业中的员工对企业社会责任的理解程度和参与度要比中小型的民营企业要大，这也是国有大中型企业承担社会责任的情况比中小型民营企业情况要好的一个重要原因。

（3）在首善之区的北京，企业在承担与员工有关的社会责任方面，有很多值得学习与推广的成功经验，例如，企业比较注重员工培训、生产安全工作、关注伤残病员工以及员工的工作安全与健康等。但是企业在承担企业社会责任方面要完成的任务依然任重而道远，调研反映出在一些企业现存一些需要切实解决的问题，如中小型的民营企业或私营企业不支付员工加班费、任意安排员工加班、不为员工办理社会保险等。中小型企业特别是私营企业仍是贯彻落实《劳动合同法》的“死角”。

（4）一些企业有法不依、侵犯劳动者合法权益的问题主要与以下原因有关：经营者法律意识、社会责任意识淡薄，政府监管部门监督不力或执法部门执法不严，诚信社会大环境缺失，劳动者维权成本高等。此外，由于中国多数企业处于产业链末端，工作节奏并不能完全由企业自主掌握，大多企业根本无法达到“按照法定的工作时间标准安排劳动者劳动”的“高标准”，普遍违法现象因此出现。因“法不责众”，劳动行政部门只能做出选择性执法，而劳动行政部门的选择性执法又在一定程度上放纵了企业的违法行为。

（5）企业的劳动条件和劳动环境应成为其竞争力的“硬件”之一。目前发达国家在这方面的执法经验是，对于违反劳工条例的企业给予曝光或者无法通过年度检验，使其在信用体系方面付出惨重代价。这样，面对高昂的违法成本，企业在违法安排员工加班等方面就得三思而后行。

# 附录四 全聚德 CSR 管理

履行企业社会责任是全社会对企业的要求和期望，推动企业社会责任运动有助于实现经济效益、社会效益和环境效益的统一，实现社会和谐和经济可持续发展。近年来，随着我国改革开放的不断深入和经济社会的不断发展，人们对企业履行社会责任（CSR）状况日益重视，企业各利益相关方共同契约的观念逐步形成并日益深入人心。从近年来我国企业实际情况看，一方面，仍然有许多企业（企业家）没有认识到企业社会责任的重要性并且缺乏承担社会责任的积极性或压力，进而造成企业社会责任严重缺失；另一方面，有一些企业认识到了企业社会责任的重要性，并开展了一些 CSR 活动，以期改善其社会影响和在公众心目中的形象，但企业的努力往往没有带来它们期望的结果。导致企业社会责任绩效低下的原因是多方面的，其中一个重要的原因是企业对 CSR 的认识没有上升到战略高度，没有按照既定的战略目标开展 CSR 活动。本书以全聚德的 CSR 管理实践为例，讨论企业应如何处理商业与社会的关系，如何将企业 CSR 活动与企业战略联系起来，如何构建企业社会责任体系，如何选择 CSR 项目等问题，并期望形成关于战略性企业社会责任管理的基本思路。

## 一、企业社会责任理论概述

### （一）企业社会责任体系构成

经过几十年的研究和争论，尽管关于企业社会责任的内涵已基本上达成共识，但关于企业社会责任体系的构成及各构成要素间的关系，不同学者或机构仍存在分歧，他们提出了多种分类方法并构建了不同的 CSR 体系。

Carroll（1979）将企业社会责任分为四类：经济责任、法律责任、伦理责任和自行裁量的责任。Carroll 认为，首先，经济责任是企业最基本也是最重要的社会责任但并不是唯一责任；其次，作为社会的一个组成部分，社会赋予并支持企业承担生产性任务、为社会提高产品和服务的权利，同时也要求企业在法律框架内实现经济目标，因此，企业肩负着必要的法律责任；再次，虽然企业的经济和法律责任中都隐含着一定的伦理规范，公众社会仍期望企业遵循那些尚未成为法律的社会公认的伦理规范；最后，社会通常还对企业寄予一些没有或无法明确表达的期望，是否承担或应该承担什么样的责任完全由个人或企业自行判断和选择，这是企业可以自行裁量的责任。从企业考虑的先后次序以及重要性而言，Carroll 认为企业社会责任体系呈金字塔形结构，经济责任是基础并占最大的比例，法律的、伦理的以及自行裁量的责任依次向上递减，如附图 4－1 所示。

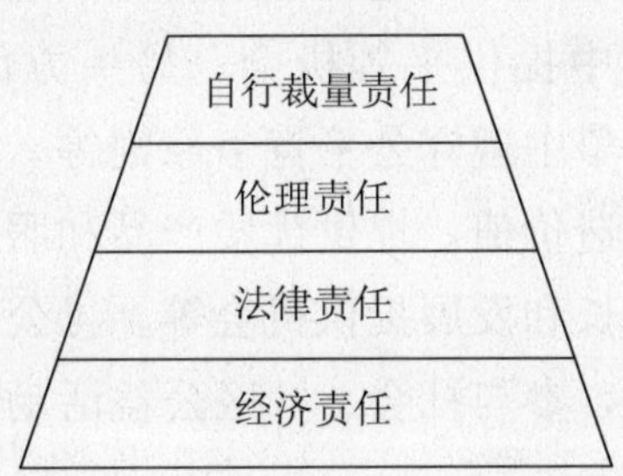


**附图 4－1　企业社会责任的金字塔模式**

Basu 和 Palazzo（2008）从过程视角分析了 CSR 的要素构成，并把 CSR 的要素构成分为以下三个层面：①认知层面，表明企业如何思考与其利益相关者和更加广泛的世界之间的组织关系，以及与关键关系方开展具体活动的理性认识；②释义层面，表明企业如何解释其参与 CSR 活动的动机，以及如何与利益相关者分享这些动机；③行为层面，表明企业所采取的行为方式，以及向利益相关者做出的承诺和展示的战略一致性或不一致性。

Geva（2008）基于以往大量的 CSR 研究把 CSR 要素构成模式分为三类，即金字塔模式（见附图 4－1）、交互圆环模式和同心轴模式。与金字塔模式不同，交互圆环模式认为不同社会责任间存在着动态的相互作用关系，没有哪种社会责任优先于其他社会责任。同心轴模式则强调各种责任之间的相互依存关系，体现了由外向内与由内向外的统一，由外向内反映了促进社会进步和保护企业的核心功能；而由内向外则反映了企业自身所体现的社会规范的扩散甚至国际化趋势。

陈迅（2005）认为，根据社会责任与企业关系的紧密程度可以把企业社会责任分为三个层次：一是基本责任，内容包括对股东负责、善待员工；二是中级责任，内容包括对消费者负责、服从政府领导、处理好与社区的关系、保护环境；三是高级责任，内容包括积极慈善捐助、热心公益事业。

徐尚昆（2007）认为，现有的企业社会责任概念及其体系构成都是西方学者用西方企业样本在西方文化背景和特定制度安排下得来的，因此，应积极探索符合中国社会文化背景和制度安排的企业社会责任体系。通过归纳性研究，徐尚昆得出中国CSR的9个维度，即经济责任、法律责任、环境保护、客户导向、以人为本、公益事业、就业、商业道德、社会稳定与进步。

由国务院发展研究中心、国务院研究室、国资委、国家统计局、中国企业联合会等机构发起的中国企业家调查系统将企业社会责任的范围设定为四个方面：①经济责任，包括创造良好的经营业绩，保持持续竞争力，保障股东权益，依法纳税。②法律责任，一方面，在企业内部，建立健全企业治理结构，为员工提供安全健康的工作环境，在用工、招聘中提供平等机会；另一方面，在企业外部，不从事贿赂、腐败等行为，在同业竞争中遵守公平竞争原则等。③伦理责任，包括维护员工和消费者的权益、为他们创造价值，提供优质产品和服务，营造健康和谐的企业文化，以及为员工进一步的成长和发展提供机会等。④公益责任，包括为社会提供就业机会，救助社会弱势群体，参与社会、社区公益活动和捐助慈善事业等。

## （二）战略型企业社会责任和反应型企业社会责任

迈克尔·波特（2006）认为，企业社会责任可以分为两类，一类是反应型的，另一类是战略型的。反应型企业社会责任仅指企业做好自己的本分。而战略型社会责任，则是寻找能为企业和社会创造共享价值的机会，它包括价值链上的创新和竞争环境的投资。另外，企业还应在自己的核心价值主张中考虑社会利益，使社会影响成为企业战略的一个组成部分。

赵曙明（2009）认为，很多企业已经开展了许多CSR活动，以期改善其社会和环境影响，但是它们的努力往往没有带来它们所希望的结果，这里有两个重要原因：一是它们把商业与社会对立起来，而其实这两者是相互关联的；二是它们按照一般的方式行事，而没有寻找最适合自己战略的方式。为了使一般的CSR原则具有可操作性，企业必须把CSR整合进其核心的战略框架。为此，企业要做好三方面的事情：一是识别商业决策与社会政策的交叉点；二是选择特定的企业社会责任；三是制订CSR目标计划。战略性CSR不应该只是趋利避害，还应该同时考虑由内向外和由外向内的不同维度。

## 二、企业社会责任分析框架的构建

根据文献综述，我们建立了如附图 4－2 所示的企业社会责任分析框架。根据该分析框架，构建企业 CSR 体系和开展 CSR 活动，不仅要考虑各利益相关方的需要，而且必须考虑我国经济社会发展现状，以及实现经济可持续发展和构建和谐社会的需要。此外，CSR 体系应体现企业社会责任不同要素之间的关系，或者说要反映企业与社会之间的互相依存的关系。

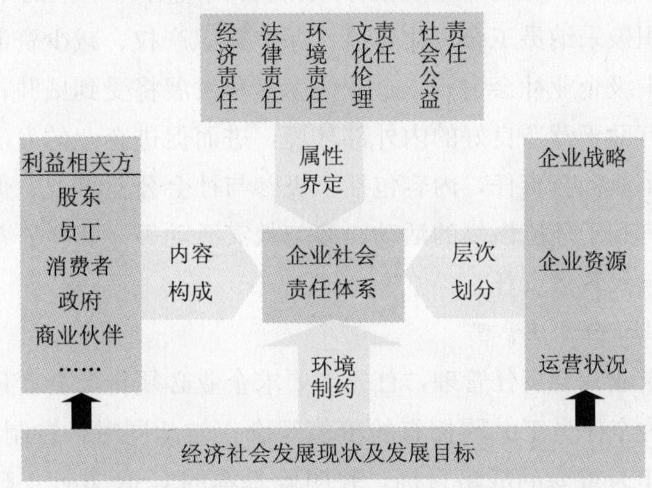


**附图 4－2 构建企业社会责任体系的逻辑框架**

1. 企业社会责任体系的构建

如附图 4－2 所示，首先，企业应基于各利益相关方和经济社会整体发展的需求明确 CSR 内容。股东、员工、消费者、政府、环境、社区、商业伙伴和整个社会都是企业的利益相关者，对企业都有利益要求，这些要求是形成企业社会责任需求的根源。值得注意的是，尽管不同利益相关者会有不同的要求，但在许多方面是统一的。

其次，基于社会责任属性划分 CSR 维度。根据企业社会责任的属性，可以将企业社会责任分为经济责任、法律责任、环境责任、文化伦理责任和社会公益责任五个维度。企业作为微观经济主体，必须承担赢利、提供安全可靠的产品的社会责任，这是企业立足之本。企业必须在法律框架内实现经济目标，因此，企业肩负着必要的法律责任。虽然企业的经济和法律责任中都隐含着一定的伦理规范，但社会公众仍期望企业遵循那些尚未成为法律的社会公认的伦理规范。企业开展经营活动必须从环境中获取资源，同时，企业行为不可避免地会对环境产生影响，甚至是破坏性影响，因此，企业应积极承担环境责任。此外，企业应积极参与社会公益活动。

再次，根据社会责任与企业关系的紧密程度，可以将企业社会责任分为三个层次：一是基本企业社会责任，即不管企业自身资源条件如何，都必须承担这些责任，如提供安全可靠的产品和服务、保持良好的经营业绩、依法纳税、依法签订劳动合同、保证员工基本权益、遵守公平竞争原则等。不能承担基本企业社会责任，企业不可能生存下去。二是除非企业条件限制否则应努力承担的中级企业社会责任，内容包括：积极采纳员工合理化建议、保护知识产权、减少资源消耗、促进就业等。不能承担中级企业社会责任，企业的生存和发展将受到威胁；而有效地履行了中级责任，则有助于营造良好的内外部环境，进而促进企业的发展。三是企业应积极承担的高级企业社会责任，内容包括积极参与社会公益事业、促进行业竞争规则的建立、开展有利于环境恢复的活动、参与救灾活动等。社会公益责任则多为高级责任，是企业自我裁量责任。

2. 战略性企业社会责任管理

加强战略性企业社会责任管理，首先，要求企业必须将社会责任内含于企业文化中，并使之成为全体员工共同拥有的价值观念；与此同时，在制定企业战略时，必须将社会责任作为重要的战略目标，并明确基本的 CSR 方针、政策。只有将社会责任整合进企业统一的战略框架，才能保证企业 CSR 活动不仅有利于社会，而且能够给企业带来价值提升的机会。

其次，选择特定企业社会责任。企业不可能解决所有的社会问题，也无法承担所有的社会责任。每家企业必须选择与其特定业务相关的社会问题，并成为解决问题的倡导者和推动着，而其他社会责任应该留给其他企业去履行。例如，对于快餐企业来说，可以从提倡健康生活和饮食理念着手，制定企业社会责任目标；制药企业则可以从降低药品价格着手开展 CSR 活动，让产品更多地惠及普通大众，尤其是低收入者；而零售企业则可以从倡导健康生活方式和消费观念着手，开展 CSR 活动。

再次，要制订可行的 CSR 行动计划。根据波特的主张，企业可以从价值链优化和竞争环境改善两方面入手制订 CSR 行动计划。其中，价值链优化既可以体现为整个价值链的重构，也可以体现为某个价值活动的创新。通过价值链重构或创

新，同时为企业和社会带来共享价值。环境的改善主要指企业在战略性的社会公益活动方面的投资，这种投资同样应为企业和社会带来共享价值。为了保证 CSR 计划的科学性和可行性，企业需要建立适合的 CSR 决策机制。

最后，为了保证企业社会责任目标的实现，必须对 CSR 计划执行过程进行控制。有效的 CSR 控制要求企业对原有组织结构进行必要的调整（如设立首席责任官），并明确各级管理者的 CSR 管理职责，制定相应的绩效考评标准。

## 三、全聚德企业社会责任管理分析

### （一）企业基本概况

中华著名老字号——“全聚德”，创建于 1864 年（清朝同治三年），历经几代全聚德人的创业拼搏获得了长足发展。1999 年 1 月，“全聚德”被国家工商总局认定为“驰名商标”，是我国第一例服务类驰名商标。

“不到万里长城非好汉，不吃全聚德烤鸭真遗憾！”在百余年里，全聚德菜品经过不断创新发展，形成了以独具特色的全聚德烤鸭为龙头，集“全鸭席”和 400 多道特色菜品于一体的全聚德菜系，备受各国元首、政府官员、社会各界人士及国内外游客喜爱，被誉为“中华第一吃”。敬爱的周恩来总理曾多次把全聚德“全鸭席”选为国宴。

1993 年 5 月，中国北京全聚德集团公司成立。1994 年 6 月，由全聚德集团等 6 家企业发起设立了北京全聚德烤鸭股份有限公司。2004 年 4 月，首都旅游集团、全聚德集团、新燕莎集团实施战略重组，首都旅游集团成为北京全聚德烤鸭股份有限公司的第一大股东。2005 年 1 月，北京全聚德烤鸭股份有限公司更名为中国全聚德（集团）股份有限公司。2007 年 11 月，全聚德在深圳证券交易所正式挂牌上市，成为一家上市公司。

全聚德股份公司成立以来，秉承周恩来总理对全聚德“全而无缺，聚而不散，仁德至上”的精辟诠释，发扬“想事干事干成事，创业创新创一流”的企业精神，扎扎实实地开展了体制、机制、营销、管理、科技、企业文化、精神文明建设七大创新活动，确立了充分发挥全聚德的品牌优势，走规模化、现代化和连锁化经营道路的发展战略。十几年来，以独具特色的饮食文化塑造品牌形象，积极开拓海内外市场，加快连锁经营的拓展步伐。现已形成拥有 70 余家全聚德品牌成员企业，年销售烤鸭500余万只，接待宾客500多万人次，品牌价值近110亿元的餐饮集团。

## （二）全聚德履行企业社会责任现状

近年来，全聚德公司坚持以科学发展观为统领，以推进经济社会可持续发展为己任，秉承全聚德品牌“全而无缺，聚而不散，仁德至上”的经营理念，在追求经济效益、保护股东利益的同时，积极承担对股东、消费者、职工及其他利益相关方的责任。作为中华老字号企业，公司遵循诚实信用的经营之道，遵守社会公德、商业道德，接受政府和社会公众的监督，树立了诚信、负责的企业形象，承担起了发展百年民族品牌的历史使命。公司积极保护债权人和职工的合法权益，诚信对待供应商、客户和消费者，努力保护环境，积极从事社会公益活动，以实现企业与社会的可持续发展。下面主要从经济、法律、环境、文化伦理和社会公益五个维度对全聚德公司履行企业社会责任的现状进行分析。

1. 经济责任

（1）公司经济效益不断提升

2008年，全聚德借奥运东风，实现营业收入11.12亿元，同比增长21.32%；实现净利润7565.13万元，同比增长17.62%。2009年上半年，在全球性金融危机的持续影响下，以及甲型H1N1流感在全球呈蔓延趋势的大环境下，公司管理层专注于公司日常经营管理，带领全体员工直面困难，坚定信心，变压力为动力，转危机为商机，提前实现了年初的既定目标。2009年上半年，公司实现营业收入5.38亿元，比上年同期增长14.58%；实现利润总额5977.53万元，同比增长28.82%。良好的经济效益为公司承担各种社会责任奠定了坚实的基础。

近年来，公司坚持开展连锁经营，以推动公司规模化、跨区域发展。截至2009年6月30日，公司在北京、上海、重庆、长春、青岛、郑州等地拥有“全聚德”品牌直营店16家、“仿膳”品牌直营店1家、“丰泽园”品牌直营店2家、“四川饭店”品牌直营店2家；同时公司还拥有大陆地区“全聚德”特许加盟店53家和海外“全聚德”特许加盟店5家。为了实现连锁经营，全聚德设计了系统的特许经营制度体系，内容包括：申请加盟条件、申请程序、特许费用、总部支持等。并且，利用IPO所募集资金，加快实施食品生产基地和物流配送中心的升级改造项目。此外，全聚德在质量标准化和质量控制方面也下了大力气。目前全聚德已经完成了对50多种中式菜的定标工作。但在定标过程中，遇到了许多来自内部的困难，特别是内部员工对定标的不理解。目前，全聚德的连锁经营仍主要是在国内市场，而且

在国内南方地区所开设的许多家连锁店均是亏损经营。

（2）不断完善公司法人治理结构，确保股东充分行使权利

公司严格按照《公司法》《上市公司治理准则》等法律法规和现代企业制度要求，不断完善股东大会、董事会、监事会制度，形成权力机构、决策机构、监督机构与经理层之间有效制衡的法人治理结构。同时，公司不断健全管理制度体系，规范公司运作，充分发挥董事会的决策能力，提高独立董事、监事会的监督权威和效能。公司建立了包括《章程》、“三会”、《议事规则》、《独立董事工作制度》、《信息披露制度》、《总经理工作细则》、《募集资金使用管理办法》、《关联交易管理制度》等在内的公司治理制度及包括重大投资决策、重要财务决策在内的重大决策的程序与机制。公司能够按照有关法律法规和公司章程的规定按期召开“三会”，公平对待所有股东，确保股东充分享有法律、法规、规章所规定的各项合法权益。但公司治理中仍存在一些问题，如董事会下属专门委员会的作用有待进一步发挥等。

（3）加强信息披露管理，建立良好的投资者关系

公司严格按照《公司法》《证券法》及深交所《股票上市规则》等法律法规要求，切实履行信息披露义务。公司制定并实施了信息披露及投资者关系管理制度，成立专门部门负责信息披露管理和投资者关系等事务，做到信息披露工作的真实、准确、完整和及时。同时，公司建立了与投资者沟通的有效渠道。公司与《中国证券报》、《证券时报》两家媒体签订了常年服务协议，及时发布各类公告；设置了专用电话，接受投资者咨询；在巨潮网上建立投资者关系平台（http://irm.p5w.net/002186），与投资者形成互动。

（4）与供应商保持互惠互利、合作共赢的良性关系

为保证公司集中采购统一配送工作的实施，公司制定了供应商准入制度。对主要采购商品实施公开招标，使供应商间形成公平竞争、优胜劣汰的机制。同时，公司逐步与信誉良好的上游产品供应商建立战略合作关系。双方通过冠名方式，强强联手，实现共赢。公司先后与德国碧洛德酒公司、北京红星股份有限公司等合作生产专用酒水，带来品牌与效益的双丰收。

2. 法律责任

（1）构建质量/食品安全/环境（即 ISO 9001/22000/14001）三合一的管理体系，为消费者提供具有质量、食品安全、环境安全保证的菜品及服务

截至 2007 年年底，公司总部及所属 10 个企业顺利地通过了 ISO 9001/22000/14001 管理体系认证，另外两个企业通过了 ISO 9001/22000 双体系认证。通过三个体系的认证，公司经营管理方针、目标更加明确，职责权限更加明晰，过程控制更

加严细化，管理活动更加系统化，餐饮服务更加优质，食品安全更有保障，管理效能得到提升，同时为迎接奥运、服务奥运打下坚实基础，公司的原材料采购将具可追溯性，使食品安全更有保障。在为中外宾客提供优质美食的同时，还能够为绿色奥运、科技奥运、人文奥运做出贡献。

（2）建立和完善客户管理体系，维系与消费者的和谐关系

①实施会员卡系统管理方案和营销信息数据库管理方案，为会员提供更多的增值服务，增加顾客用餐的附加值。②建立“客户沟通渠道保障”系统。在实施客户关系管理系统中强化人际沟通，与消费者建立融洽关系。公司开设了400门热线服务电话，用于业务咨询、客户投诉、会员积分查询、电话挂失等问题，所属各企业均设有专用客服电话。公司通过网站及时刊登本企业最新营销活动。③公司高度重视客户投诉处理，公司总部及所属企业均公布固定电话用于客户投诉，并有专门人员按规程处理客户投诉。

（3）切实维护员工合法权益

公司严格遵守《劳动法》，依法保护职工的合法权益。公司为所有与公司建立劳动关系的在岗员工足额缴纳各项法定社会保险与福利，主要包括基本养老保险、基本医疗保险、失业保险、工伤保险等，并根据企业特点为员工办理其他补充保险，提供劳保用品、带薪年休假等。公司不断完善薪酬体系和激励机制。连续五次不间断地进行劳动、人事、分配三项制度的改革，实行了全员劳动合同制，制定了“企业用工自主，员工进出自由，择优考核录用，双向动态签约”的新型劳动用工制度。对管理人员坚持通过竞聘上岗，实行“双向选择、任期聘任、业绩考核、能上能下”的干部任用制度。与劳动和人事制度改革配套，实行“三工并存、年度考核、岗位浮动、薪随岗变”的岗位薪酬制度，同时，高级管理和高级技术人员执行年薪制度，拉开分配档次。通过上述改革，建立了一套干部能上能下、人员能进能出、充满生机活力的人事管理机制，为员工搭建了一个公平、公正的竞争平台。公司不干涉职工信仰自由，不允许任何形式的歧视，包括民族、性别、婚姻状况、宗教信仰、国籍、社会出身、社会地位、残疾、年龄等。公司实行同工同酬，所有员工工资均按照公司的劳资管理制度定级定档，公开透明。对女职工实行特殊劳动保护，重视女员工的发展，女员工对企业发展和对社会的贡献被普遍认可。

（4）积极开展治理商业贿赂专项工作

公司按照《建立健全教育、制度、监督并重的惩治和预防腐败体系实施纲要》和有关法律法规要求，切实纠正在经营活动中违反商业道德和市场规则、影响公平竞争的不正当交易行为；依法查处违反法律法规，给予和收受财物或其他利益的商

业贿赂案件。通过开展专项治理，深化企业改革，加强公司内控机制建设，不断规范企业经营管理行为和经营者的从业行为，促进公司持续、稳定、健康、和谐发展。

3. 环境责任

公司以节能减排为核心，积极践行环境责任，提高资源利用效率，强化废弃物管理。公司致力于参照国际标准体系来指导公司的环境保护与可持续发展政策。2007年，公司及下属九个直营店通过了ISO 14001环境体系认证。2008年公司产值能耗同比下降了0.2个百分点。

（1）在废气污染的防治上。公司采取了一系列有效措施，包括：使用清洁燃料，锅炉、茶炉、大灶等一切燃料燃烧设施均采用电或天然气等燃料；排放油烟的制作间均安装了油烟净化设备和复合式排风烟道；更新空调、冷冻等设备，采用清洁制冷剂。

（2）在废水污染的防治上。处理餐饮废水时设置隔油设施，回收处理地沟油。使用先进的油水处理技术成功减少油污排放。

（3）在固体废物污染的防治上。对不能回收利用的固体废物采取密闭式收集运输方式，并送至有关单位实施无害化处理。在加工、制作、消费过程中产生的食物残渣、残液等废弃物按照减量化、资源化、无害化的原则，委托有资质的单位进行收集、运输、利用和处理处置。餐厨垃圾不与其他垃圾混合，使用专用密闭式车辆运输，并禁止随意倾倒、堆放、排入雨水、污水管道及河道，因此不会造成二次污染。

（4）在噪声污染的防治上。公司对经营过程中产生的噪声采取了房屋隔声、加装隔声箱和消音器的方法，使噪声的释放符合国家标准要求。公司近三年，在油烟净化器、排烟净化风机、消音工程、水运烟罩、污水处理池等环保设施方面投入达281万元。

（5）继续推进环保节能设备（如环保烤鸭炉）的自主研发。在新建企业安装试用。在新建企业的建筑施工中，积极选用节能、环保的建筑材料。

4. 文化伦理责任

（1）加强企业文化建设

“全而无缺，聚而不散，仁德至上”，这是百年的炉火锤炼出的不灭的企业精神，它传递着“全聚德”不畏艰难、全力以赴、奋力拼搏、谋求发展壮大的宏图伟志；体现着“全聚德”人同心协力、锲而不舍、聚心、聚志、聚力、追求事业发展和永远奋进的顽强精神；象征着“全聚德”圆满、团圆、仁义、恭谦的道德观念和以德为先、诚信为本，热情、周到为各方宾客服务的经营理念。应该说，全聚德文化是一种典型的责任文化，诚信经营、奋力拼搏、同心协力都体现着鲜明的企业社会责任感。公司要求每一个全聚德人都要象爱护自己的眼睛那样，珍惜“全聚德”的信誉。

近年来，公司主要围绕“服务奥运”、“双创双优”、“送温暖”等加强企业文化建设。一是为迎接北京奥运会，认真组织开展了奥运服务知识与技能竞赛活动。二是大力弘扬劳模精神，在“全聚德之最”劳动竞赛的基础上，继续深入开展以“双创双优”为主要内容的经济技术创新工程。三是积极开展送温暖活动，全年共筹措慰问资金 58.05 万元，帮助重病员工和困难员工。在黄金周和业务旺季，坚持到一线慰问坚守岗位的员工。四是认真做好职工互助保险。为员工办理了《在职职工住院医疗互助保险》。五是积极开展文体活动，丰富员工的业余文化生活。4 月 20 日，全聚德艺术团在人民大会堂为“中国烹饪协会成立二十周年庆典大会”演唱了《一炉百年的火》和《期盼奥运，共创和谐》，感动了来自全国的千名会议代表。

2009 年 1 月 3 日，公司隆重举办“全聚德‘腊八’迎送 1864”（全聚德始建于 1864 年）活动，特意熬制 1864 碗腊八粥，热情赠送给各方宾客友人，回报社会各界给予的厚爱，在寒冬腊月送上全聚德人的浓浓暖意，彰显全聚德仁德之怀。

（2）公司注重员工职业生涯发展，积极开展职工培训

公司制订了一系列管理办法，包括《关于进一步加强和改进教育培训工作建设学习型企业的若干规定》等，促进培训工作的科学化、制度化和规范化。同时鼓励和支持职工参加业余进修培训，为职工发展提供更多的机会。公司建立了由教育培训工作委员会、总部人力资源部、企业人力资源部和企业内部培训师四个层级组成的教育培训组织体系，并成为全聚德餐饮管理学院、培训中心、职业技能鉴定所等教育培训工作的专门机构，保证公司整体培训计划的推进、实施和企业内部各项培训工作的开展。2007 年公司培训与奥运工作紧密结合，全面开展了奥运礼节礼仪、奥运知识、奥运外语以及专业技能岗位培训与练兵。首次对内训师队伍共 130 余人进行了脱产培训，并将培训流程全部纳入公司 ISO 9001/ 14001/22000/管理体系。全年公司培训总人次为 19395 人次，员工总人数 4135 人，总培训率 469%。经过培训，公司员工素质大幅度提高，给全聚德企业经营带来实效。

5. 社会公益责任

公司努力做好各类社会公益事业。2005 年公司自筹资金创办了全聚德展览馆。馆内运用大量翔实、珍贵的文献、照片和实物等近 500 多件展品，展示了全聚德百余年变迁的发展历程，传承与弘扬了中华民族源远流长的餐饮文化，成为北京市宣武区“爱国主义教育基地”。据统计，展览馆开馆以来，共接待有关方面领导、中外游客、媒体记者、中小学生等社会各界人士 6000 余人。

每年公司都组织员工捐资及衣被等大量物品，向灾区人民奉献爱心。特别是在2008年抗击南方雪灾过程中，公司开展了主题为“抗雪救灾、奉献爱心”的捐款活动，所属16个企业的3000余名员工，共为灾区人民捐款267017元。公司所属企业王府井店定期到国旗班慰问武警战士，为他们送去全聚德烤鸭；丰泽园饭店每年中秋都为社区的孤寡老人送上月饼、葡萄、蟠桃等慰问品；亚运村店每月到空巢老人家里进行志愿服务等。公司连续11年荣获“首都文明单位”称号。

2009年6月18日，全聚德集团与北京财贸职业学院签署校企合作协议，并捐赠人民币20万元设立“全聚德奖学金”。校企合作协议的签署既体现了全聚德对首都职业教育的支持，同时也为企业人才培养奠定了基础。

## （三）总体评价

1. “全而无缺，聚而不散，仁德至上”

全聚德文化中渗透着浓浓的社会责任感。全聚德文化是公司不断前进的基石，也是公司有效履行企业社会责任的保证。全聚德文化既有历史的积淀，同时又不断充实时代的新内涵。全聚德正是在古老与年轻、传统与现代的融合与交替之间，开拓进取，不断进步。但全聚德文化的创新仍不能跟上企业扩张的步伐；从一定意义上讲，企业文化成为全聚德进一步发展的制约因素。

2. 全聚德较好履行了基本企业社会责任

通过完善质量管理体系、加强职工技能培训、制定供应商准入制度等，为消费者提供有质量保证的饮食服务。通过加强内部管理和外部连锁扩展，保证了企业经济效益的稳步提升。公司始终坚持“以人为本”的核心价值观，把实现和维护全体员工的利益作为工作的出发点和落脚点，保障员工的各项合法权益，促进员工的价值实现和全面发展，保护员工的身心健康，实现了员工与企业共同成长。公司能够按照有关法律法规和公司章程的规定按期召开“三会”，切实履行信息披露义务，公平对待所有股东，确保股东充分享有法律、法规、规章所规定的各项合法权益。公司逐步与信誉良好的上游产品供应商建立了战略合作关系。基本企业社会责任的有效履行为企业可持续发展奠定了坚实的基础。

3. 全聚德较好履行了中级、高级企业社会责任

作为首都精神文明建设标兵，公司积极倡导、发扬诚信经营的商业文化，勇担发展老字号品牌的历史使命。公司以节能减排为核心，积极践行环境责任，提高资源利用效率，强化废弃物管理。公司积极做好抗震救灾、支持教育、促进就业等各

类社会公益事业。中高级企业社会责任的有效履行，为企业可持续发展营造了良好的内外部环境，促进了企业诚信、负责的品牌形象的树立。

4. 企业社会责任项目的选择较好体现了企业与社会共享价值的要求

例如，企业全力以赴服务北京奥运会，不仅丰富了奥运饮食服务，而且让海外宾客对全聚德有了更多的认识，全聚德的影响力也进一步提升，为公司海外扩张奠定了认知方面的基础；设立“全聚德奖学金”，不仅支持了北京市职业教育事业，而且为公司后备人才培养奠定了基础。但全聚德选择的CSR项目多为环境改善型，而价值链创新型项目相对较少。

5. 尚未建立起完善的企业社会责任管理体系

具体表现为：未形成科学的CSR项目决策机制，缺乏有效的CSR控制系统，各部门或各管理层级的CSR职责及考评标准不明确等。这种现状制约了全聚德公司CSR绩效的进一步提升。

6. 全聚德发布的CSR报告不够理想

大话、空话在报告中占据了大量篇幅，对企业存在的问题、不足之处或是需要改进的地方却避而不谈。

## 四、结论

（1）构建企业CSR体系和选择CSR项目，不仅要切实考虑各利益相关方的实际需要以及实现经济可持续发展和构建和谐社会的需要，而且要系统考虑企业社会责任不同要素之间的关系，要反映企业与社会之间的互相依存的关系。成功的企业需要健康的社会，教育、医疗、公平的机会、法律保护与约束对于企业发展都是至关重要的；与此同时，健康、和谐的社会也需要成功的企业，缺乏有竞争力的企业去创造就业机会、进行技术创新和提供高质量的产品或服务，国家和地区竞争力就会衰退，社会就会出现问题，发展也会停滞。正确认识企业与社会的关系，才能实现企业与各利益相关方长期共赢的目标。

（2）加强战略型企业社会责任管理，要求企业必须将社会责任内含于企业文化中，并使之成为全体员工共同拥有的价值观念；在制定企业战略时，必须将企业社会责任作为重要的战略目标，并明确基本的CSR方针、政策。只有将社会责任整合进企业统一的战略框架，才能保证企业CSR活动不仅有利于社会，而且能够给企业带来价值的提升。

（3）战略型企业社会责任管理的重要一环是选择企业社会责任项目。选择企业社会责任项目，不仅要考虑利益相关方的实际需要，而且要考虑自己的业务特征和资源条件。价值链创新和环境改善是企业选择 CSR 项目的两个主要切入点。

（4）我国企业应从企业文化建设、组织调整、CSR 项目决策机制构建、营销传播和信息披露等方面入手，建立健全企业的 CSR 管理体系。企业社会责任不应只是表面文章，扎扎实实地做好 CSR，能够给企业带来竞争力的提升。

# 附录五 企业社会责任调查问卷（员工）

## 第一部分

1. 请填写您的：

（1）性别：

□男 □女

（2）年龄：

□15周岁以下 □16～17周岁 □18～54周岁

□55～59周岁 □60周岁以上

（3）文化程度：

□硕士及以上 □大学 □中学 □小学

2. 您的工作岗位性质：

□普通工人 □文员 □技术人员

□管理人员 □其他

3. 您所在企业性质：

□国有或国有控股 □民营

□外资 □合资

4. 您所在企业经营规模：

□小型 □中型 □大型 □特大型

5. 您所在企业所属的行业类型：

□批发零售业 □交通运输业 □加工制造业

□银行、保险、证券 □餐饮业

□建筑、房地产业 □邮电通信业

□信息技术、软件开发 □其他

6. 您所在企业经营历史长短：

□1 年以内　　□1～3 年　　□3～5 年

□5～10 年　　□10 年以上

## 第二部分

1. 公司是否要求保存您的身份证原件?

□是　　□否

开始工作时是否需要交纳押金?

□是　　□否

2. 您认为公司的工作环境在保证员工的工作安全与健康方面如何?

□很好　　□较好　　□一般

□较差　　□很差

公司里有没有专门负责员工的安全、健康、卫生的管理人员?

□没有　　□有　　□不清楚

公司是否经常开展员工的安全与健康培训，例如消防培训?

□从来没有　　□1～2 次/年　　□3～5 次/年

□6～10 次/年　　□10 次以上

公司是否提供可饮用的水并能够方便饮用?

□是　　□否

在企业里使用厕所是否受时间限制?

□是　　□否

工作中是否直接接触过有毒有害物质并遭受伤害?

□是　　□否

企业如何对待因工致伤、致残、致病的员工?

□不闻不问　　□给予一定补偿后让其走人

□按照相关政策规定给予治疗并补偿

3. 公司是否有工会?

□是　　□否

4. 在聘用、报酬、培训机会、升迁、解职或退休等事项上，公司是否有基于年龄、民族、国籍、宗教、身体残疾、性别、性取向、工会会员、政治归属的歧视?

□从来没有

□偶尔有，但公司最终能够妥善解决，执行情况很好

□常有此类行为，应该改进

5. 公司是否发生主管或保安打骂员工的行为？

□从来没有

□偶尔有，且有规定发现此类问题如何处理，并如实采取有效措施，执行情况很好

□经常有，且未制订相应制度，基层未能得以执行

6. 您每周的工作时间：□≤5 天　□6 天　□7 天

每天的平均工作时长：

□8 小时以内　□8＜X≤9 小时

□9＜X≤10 小时　□10＜X≤11 小时

□12 小时以上

以下节假日是否正常休假：元旦、春节、国际劳动节、国庆节？

□是　□否

加班是否自愿：

□自愿　□被迫

7. 工资是凭什么计算的？

□计时　□计件　□其他

公司是否会拖欠或克扣员工工资？

□从来不　□偶尔　□经常

您领工资的时候，有没有工资清单？

□总没有　□总是有　□有时有，有时没有

加班是否支付加班费？

□总是支付　□从来不支付　□有时支付，有时不支付

若支付加班费，加班费是否按下面的标准计算？

A. 工作日加班：至少正常工资标准×150％

B. 休息日加班：至少正常工资标准×200％

C. 法定节假日加班：至少正常工资标准×300％

□不是　□是

8. 公司是否为员工办理社会保险，包括工伤、养老、医疗、生育和失业保险？

□无相关政策，不予办理

□有相关政策，但执行不力
□依法办理
公司是否为女工提供至少 90 天的有薪产假？
□无相关政策，允许休假但不付薪
□有薪产假少于 90 天
□有薪产假不少于 90 天
9. 近三年来，你接受过哪种培训？
□工作技能培训 □心理培训
□管理培训 □企业文化培训
□其他
10. 您所在的公司是否有过跨国公司进工厂进行检查？
□无
□有（继续回答下面的问题）
在检查后，工厂一线工人的生活及生产条件有没有变好？
□没有变好 □变好了一点 □变好了很多

## 第三部分

1. 您听说过以下哪些名词？（可多选）
□企业社会责任或公司社会责任
□跨国公司“生产守则”
□SA8000
□企业公民
□联合国全球契约
□企业社会责任报告
□都没听说过
2. 您是否参与过以下活动？（可多选）
□企业志愿者活动
□为社会捐赠
□从来没有参加过类似活动

# 附录六　企业社会责任调查问卷（管理层）

## 一、企业基本信息（请在选项前打√）

1. 您的职位：

☐ 董事长或总裁　　☐ 高层管理人员

☐ 中层管理人员　　☐ 基层管理人员

2. 您的受教育程度：

☐初中及以下　☐ 高中　☐ 大学本科　☐硕士及以上

3. 贵公司所处行业：

☐制造业　　☐建筑房地产业

☐IT、软件开发业　　☐批发零售业

☐医疗、教育业　　☐国际贸易

☐金融保险证券业　　☐旅游业

☐邮电通信　　☐运输物流

☐其他

4. 贵公司的经营规模（与同行业相比）：

☐特大　☐大型　☐中型　☐小型

5. 贵公司的性质：

☐国有及国有控股　　☐民营企业

☐外商独资　　☐中外合资

☐台港澳资企业

6. 贵公司处于生命周期的哪个阶段：

☐投入期　☐成长期　☐成熟期　☐衰退期

7. 贵公司目前经营状况：

☐ 很好　　☐ 较好　　☐ 一般

☐ 较差　　☐ 很差

## 二、企业社会责任调查

1. 贵公司履行企业社会责任主要动因？

（请根据自己的认识和企业的实际情况打分；其中，7分代表最高评价，1分代表最低评价）

| 项目 | 评价（分） | | | | | | |
|---|---|---|---|---|---|---|---|
| | 7 | 6 | 5 | 4 | 3 | 2 | 1 |
| 为社会发展做贡献 | | | | | | | |
| 获得政府认同 | | | | | | | |
| 建立持续竞争优势 | | | | | | | |
| 建立企业家个人形象 | | | | | | | |
| 应对来自社会舆论压力 | | | | | | | |
| 更好地为消费者创造价值 | | | | | | | |
| 提升企业品牌形象 | | | | | | | |
| 更多地创造利润 | | | | | | | |
| 应对竞争对手的压力 | | | | | | | |
| 为了进入国际市场 | | | | | | | |
| 其他 | | | | | | | |

2. 贵公司已履行过哪些企业社会责任及履行情况？

（请根据企业的实际情况打分；其中，7分代表在社会责任方面有最好的表现，1分代表最差表现）

| 序号 | 项目 | 自我评价（分） | | | | | | |
|---|---|---|---|---|---|---|---|---|
| | | 7 | 6 | 5 | 4 | 3 | 2 | 1 |
| 1 | 保持良好经营业绩 | | | | | | | |

续 表

| 序号 | 项目 | 自我评价（分） | | | | | | |
|---|---|---|---|---|---|---|---|---|
| | | 7 | 6 | 5 | 4 | 3 | 2 | 1 |
| 2 | 创造就业机会 | | | | | | | |
| 3 | 提供优质产品和服务 | | | | | | | |
| 4 | 促进行业规则建立或完善 | | | | | | | |
| 5 | 加大研发投入，提高技术水平 | | | | | | | |
| 6 | 依法纳税 | | | | | | | |
| 7 | 建立完善的公司治理结构 | | | | | | | |
| 8 | 依法签订劳动合同 | | | | | | | |
| 9 | 积极开展员工培训 | | | | | | | |
| 10 | 保障员工安全和健康 | | | | | | | |
| 11 | 按时足额发放工资和加班费 | | | | | | | |
| 12 | 建立完善的聘用、加薪、升职、解聘和退休等制度并有效执行 | | | | | | | |
| 13 | 依法办理医疗、养老、失业等社会保险 | | | | | | | |
| 14 | 依法建立休假制度并有效执行 | | | | | | | |
| 15 | 积极采纳员工的合理化建议 | | | | | | | |
| 16 | 向顾客传递真实的产品信息 | | | | | | | |
| 17 | 迅速处理顾客抱怨或退货要求 | | | | | | | |
| 18 | 调查客户满意度并据此推进质量改进 | | | | | | | |
| 19 | 要求供应商承担社会责任 | | | | | | | |
| 20 | 避免污染环境的经营行为 | | | | | | | |
| 21 | 减少资源消耗 | | | | | | | |
| 22 | 参与环境治理与保护 | | | | | | | |
| 23 | 长期救助老弱病残等弱势群体 | | | | | | | |

续 表

| 序号 | 项目 | 自我评价（分） | | | | | | |
|---|---|---|---|---|---|---|---|---|
| | | 7 | 6 | 5 | 4 | 3 | 2 | 1 |
| 24 | 积极参与抗洪、抗震等救灾活动 | | | | | | | |
| 25 | 经常参加社区公益活动 | | | | | | | |
| 26 | 接受大学生实习 | | | | | | | |
| 27 | 提供助学金或奖学金 | | | | | | | |
| 28 | 建立反商业贿赂的相应管理机制 | | | | | | | |
| 29 | 其他 | | | | | | | |

3. 履行企业社会责任对企业经营与发展的影响？

（请根据企业的实际情况打分；其中，7 分代表影响最大，1 分代表影响最小）

| 项目 | 评价（分） | | | | | | |
|---|---|---|---|---|---|---|---|
| | 7 | 6 | 5 | 4 | 3 | 2 | 1 |
| 提升了企业商誉与品牌形象 | | | | | | | |
| 提升了开拓国际市场能力 | | | | | | | |
| 增加了企业经营成本 | | | | | | | |
| 降低了企业经营效率 | | | | | | | |
| 提高企业管理水平 | | | | | | | |
| 创造宽松的经营环境 | | | | | | | |
| 促进企业技术创新 | | | | | | | |
| 其他 | | | | | | | |

4. 您认为导致企业社会责任缺失的主要原因是什么？

（请根据自己的认识和企业的实际情况打分；其中，7 分代表影响最大，1 分代表影响最小）

| 项目 | 评价（分） | | | | | | |
|---|---|---|---|---|---|---|---|
| | 7 | 6 | 5 | 4 | 3 | 2 | 1 |
| 企业经营困难 | | | | | | | |
| 企业经营者素质不高 | | | | | | | |
| 对企业社会责任缺乏正确认识 | | | | | | | |
| 企业没有建立起完善的治理结构 | | | | | | | |
| 员工缺乏维权意识 | | | | | | | |
| 消费者维权意识不强 | | | | | | | |
| 法律法规体系不完善 | | | | | | | |
| 政府政策引导或政策支持不足 | | | | | | | |
| 政府监督不力甚至监督失灵 | | | | | | | |
| 执法部门执法不严或有法不依 | | | | | | | |
| 缺乏完善的第三方评价机制 | | | | | | | |
| 缺乏良好的社会诚信环境 | | | | | | | |
| 其他 | | | | | | | |

5. 您认为应当如何更好地推动企业承担社会责任？

（请根据自己的认识和企业的实际情况打分；其中，7 分代表紧迫程度或重要性最高）

| 项目 | 评价（分） | | | | | | |
|---|---|---|---|---|---|---|---|
| | 7 | 6 | 5 | 4 | 3 | 2 | 1 |
| 完善法律法规 | | | | | | | |
| 法律强制要求 | | | | | | | |
| 政府的引导和督促 | | | | | | | |
| 完善公司治理结构 | | | | | | | |
| 企业自觉承担并纳入战略管理范畴 | | | | | | | |
| 社会团体及群众的监督 | | | | | | | |
| 建立第三方评价机制 | | | | | | | |
| 其他 | | | | | | | |